La Insignia Escarlata (ADVENTURE)

Cayo Ortega

Contenido

Capítulo 1

Bienvenidos a Grand Line! ¡Bienvenidos a nuestra ciudad! ¡A la acogedora ciudad, Whisky Peak!" Los vítores de la ciudad confundieron a la tripulación lista para la batalla. Todos ellos, menos Luffy, miraban a su alrededor con escepticismo.

"Pensé que habías dicho que no eran agradables ..." dijo Usopp, sin ver a la multitud enojada que había imaginado en la ciudad sonriente.

"Están fingiendo", dijo Luffy en voz baja, sus ojos escudriñando la engañosamente amigable ciudad. A pesar de su alegría exterior, Luffy podía sentir que estaban fingiendo, que tenían motivos más oscuros.

"¿Fingiendo?" Preguntó Sanji, mirando por encima de la barandilla las pancartas y el confeti que les daban la bienvenida. Era difícil de creer las palabras de Luffy. A pesar de que toda la tripulación, en su mayor parte, creía que Luffy no estaba mintiendo sobre sus habilidades, todavía era difícil creer que estas personas solo estuvieran fingiendo.

"¿Estás seguro de que tus habilidades no están un poco ... no sé ... fuera de control?" Usopp preguntó con escepticismo. Luffy solo negó con la cabeza, con el ceño fruncido todavía.

"No, están fingiendo." La confianza en la voz de Luffy fue suficiente para convencer a la tripulación mientras echaban otro vistazo a la acogedora ciudad que los rodeaba. Aunque todavía era difícil de creer, Luffy aún no se había equivocado. Además, no estaría de más ser un poco cauteloso. Después de todo, ¿qué probabilidades hay de que una ciudad dé la bienvenida a los piratas?

"¡Piratas bienvenidos a nuestra ciudad!"

"¡Viva los héroes en el mar!"

Tratando de recordar que podrían estar fingiendo, la tripulación navegó lentamente por los vítores.

"¡Woah! ¡Hay muchas chicas lindas!" Sanji se desmayó, los ojos se convirtieron en corazones mientras se inclinaba sobre la barandilla para ver mejor.

"Quizás los piratas son los héroes de la gente después de todo", dijo Usopp, lanzando besos a la multitud y olvidándose de que podrían estar actuando. La cara de Nami se palpó detrás de los dos mientras Zoro solo negó con la cabeza.

Cuando finalmente encontraron un lugar para atracar, Luffy condujo a la tripulación fuera del Merry. Sus ojos escudriñaron a la multitud frente a ellos. A pesar de los malos sentimientos que venían de todos y cada uno de ellos, solo un puñado tenía colores grises. En su mayor parte, la gente del pueblo tenía un aura azul oscuro.

"Welco-ma-ma-ma ... Bienvenido." La tripulación observó cómo un hombre con rizos gigantes en el cabello se acercaba a ellos. Al asimilar las emociones del hombre, Luffy descubrió que eran las mismas que las del resto de la ciudad. A pesar del aire acogedor y la sonrisa en su rostro, el hombre no tenía buenas intenciones para ellos. Sin embargo, a diferencia del resto de la ciudad, este hombre tenía un azul más claro que el resto. No era el azul más claro que había visto en su vida, pero era mucho más agradable de ver que los azules más oscuros que lo rodeaban.

"Mi nombre es Igarappoi. Soy el alcalde de Whiskey Peak". Saludó Igarappoi. Luffy sintió que incluso el nombre que 'Igarappoi' le había dado era falso, el hombre mentía al respecto. Sin embargo, mirándolo de arriba abajo una vez más, Luffy solo asintió con la cabeza en lugar de gritarlo.

"Está bien. Soy Luffy. Encantado de conocerte." Luffy dijo en respuesta, su tripulación de pie detrás de él.

"Whiskey Peak es una ciudad que prospera produciendo licor y música. La hospitalidad es el orgullo de nuestra ciudad. En cuanto a nuestro licor, es tan abundante como el agua de mar. ¿Nos permitiría organizar una fiesta para usted para que podamos escuchar su cuentos de ... ma-ma-ma ... tus cuentos de aventuras? " A pesar de que Luffy podía sentir el interés de Usopp y Sanji ante la idea de una fiesta, no dijeron nada, todos todavía esperaban la respuesta de Luffy.

Con una mirada más alrededor de la ciudad, Luffy se encogió de hombros, sonriendo también.

"¿Seguro Por qué no?" Ante sus palabras, Usopp y Sanji comenzaron a bailar juntos sobre mujeres y fiestas mientras Nami negó con la cabeza.

"Por cierto, ¿cuánto tiempo llevará almacenar el registro de esta isla?" Preguntó Nami, mostrándole a Igarappoi la pose del tronco en su muñeca.

"¿Log? Olvídate de cosas tan aburridas. Por favor, descansa después de un viaje tan largo". Mientras hablaba, se acercó a rodear el hombro de Nami con un brazo y, a pesar de la alegría en su tono y la sonrisa en su rostro, Nami no pudo evitar recordar a Luffy diciendo que estaban actuando. Debido a esto, se sintió rígida ante el contacto, pero forzó una sonrisa propia.

Si había algo bueno que provenía del dominio del terror de Arlong, era su capacidad para actuar bajo presión.

"¡Ahora, todos! ¡Prepárense para la fiesta! ¡Canten para entretener a los aventureros!" Anunció Igarappoi, provocando otra ronda de vítores de la gente del pueblo. Nami fue arrastrada a regañadientes entre la multitud, Usopp y Sanji siguiéndola con entusiasmo, dejando a Luffy y Zoro mirándolos.

"Ten cuidado, Zoro", le dijo Luffy a su espadachín, vigilando a Nami para asegurarse de que Igarappoi no intentara nada.

"Bien. Pero si sabes que no son agradables, ¿por qué aceptaste una fiesta?" Zoro preguntó con curiosidad, mirando a la multitud con sospecha mientras hablaba. Debido a esto, tardó un segundo en notar la amplia sonrisa de Luffy.

"¡Porque las fiestas son divertidas!" Con una carcajada, Luffy salió corriendo para alcanzar al resto de su tripulación, dejando a Zoro frunciendo el ceño y negando con la cabeza.

"Realmente eres un idiota, ¿no?"

"¡Tiempo de fiesta!"

/\/\/\/\/\/\/\/\/\/\/\/\/\/\

La tripulación, así como muchos habitantes del pueblo que podían caber, estaban apiñados dentro del bar del pueblo. Se sirvieron bebidas, se bebieron y luego se volvieron a servir, la gente bailó, la gente se rió, la gente cantó. Una banda tocaba música en la esquina del bar, tan jubilosa como la multitud que escuchaba, pero casi se vieron ensombrecidos por lo ruidosos que eran los demás. Estaba oscuro afuera ahora, la fiesta en pleno apogeo.

Usopp estaba sentado contando historias a una gran multitud de personas, todas aferrándose a cada una de sus palabras. Aunque parecían asombrados por sus palabras, Luffy podía sentir que, como todo lo demás, estaban actuando.

Zoro y Nami estaban en medio de una competencia de bebidas, Nami exigía que el espadachín se uniera una vez que descubrió que el ganador obtendría 100 mil berri. Hasta ahora, Nami estaba en su duodécima copa mientras que Zoro estaba en la décima.

Sanji estaba en el cielo mientras se sentaba con un gran grupo de mujeres, tratando de golpear a todas y cada una de ellas al mismo tiempo.

Y finalmente, Luffy estaba comiendo toda la comida que podía desear. En un momento, uno de los chefs se desmayó, con exceso de trabajo al intentar alimentar el pozo sin fondo de Luffy. Sin embargo, esto no detuvo al Capitán cuando comenzó a quitar pedazos de los platos de todos los demás.

Y a pesar de las payasadas de la tripulación, la gente del pueblo simplemente se rió y lo siguió, aunque sus verdaderos sentimientos le dijeron a Luffy que todavía estaban tramando algo.

Lentamente, con el paso del tiempo, la tripulación comenzó a agotarse. Comenzó con Zoro quien se colocó el rostro sobre la mesa, luego Usopp, Sanji, Nami y finalmente Luffy mientras caía de su silla al suelo, relleno.

Muchos de los habitantes del pueblo también se durmieron, pero Luffy sabía que muchos todavía estaban despiertos. Por supuesto, sabiendo que todos estaban tramando algo, no se dejó realmente dormir. Gracias a la instalación, incluso cuando dormía, seguía en alerta. Había habido demasiadas ocasiones antes de que Sabo obtuviera su audición mejorada que los hermanos habían sido sacados de su sueño por los médicos que los arrastraban a la prueba. Debido a esto, Luffy tenía un sueño increíblemente ligero y sabía que en el segundo en que hubiera un ligero pico en los sentimientos maliciosos de la ciudad, estaría completamente despierto y alerta.

Fue un tiempo después de que se había "quedado dormido" que Luffy sintió que Zoro se despertaba por completo. El espadachín no había estado completamente inconsciente, permaneciendo en guardia como Luffy. Aunque todavía había muchos habitantes en el bar, Zoro logró levantarse y salir del bar sin que ninguno de ellos se diera cuenta, Luffy observaba a través de un ojo abierto. El joven Capitán tuvo que contener la risa mientras observaba a cada persona en el bar evitar por poco ver a Zoro salir por la puerta lateral.

Sin embargo, no tardaron en darse cuenta de que se había ido, un gran grupo de ellos salió corriendo por la puerta en un intento por recuperar a Zoro. Al ver esto, Luffy decidió 'despertar' también.

"Hombre, esa fue una buena comida." Dijo, estirándose mientras se levantaba del suelo. Esto sorprendió a los demás habitantes del pueblo mientras se giraban para mirarlo.

"¡E-estás despierto!" Dijo uno de ellos, tratando de ocultar su sorpresa y nerviosismo con una sonrisa. Sin embargo, no funcionó en Luffy, ya que podía sentir sus verdaderas emociones.

"Sí", dijo Luffy, escaneando sus ojos sobre el resto de su tripulación que aún dormía. Sin embargo, al igual que Zoro y Luffy, sintió que Nami solo estaba fingiendo estar dormida en lugar de estar inconsciente. Ignorando esto por ahora, Luffy se volvió para mirar al pequeño grupo de personas aquí, sabiendo que podía derribarlas fácilmente.

"¡Ah, bueno, realmente deberías descansar un poco más! Después de todo, has tenido un viaje tan largo y duro para llegar a Grand Line". Otro dijo con una sonrisa igualmente nerviosa como el último hombre.

"Paraíso." Luffy corrigió, confundiéndolos.

"¿Qué?" Preguntó el hombre, su sonrisa se convirtió en una expresión de confusión.

"Estamos en el paraíso. Y no fue tan difícil llegar aquí. Me divertí mucho". Luffy dijo honestamente. El grupo compartió una mirada, Luffy sintió que estaban tratando de averiguar qué iban a hacer. Hubo una confusión en todos ellos hasta que uno finalmente se sintió lo suficientemente valiente, su mano se movió a su lado y alertó a Luffy de que tenían algún tipo de arma oculta allí.

"Independientemente, vamos a tener que insistir en que vuelva a sentarse". Dijo el hombre, su sonrisa se transformó en una mirada determinada. El resto del grupo respaldó esto moviendo sus manos a sus costados también, algunos incluso sacando espadas.

"No, no quiero", dijo Luffy, todavía sonriendo.

"¡En ese caso, lo pediste!" Con un movimiento fluido, el hombre sacó su arma y disparó, pero como siempre, la bala rebotó inofensivamente en el hombro de Luffy, voló hacia el techo de la barra y se alojó allí. El grupo frente a Luffy se quedó boquiabierto, obviamente no esperaba eso.

"¡Lo buscan vivo!" Uno de ellos siseó.

"¡Apunté al hombro!" El que disparó dijo.

"No importaba de todos modos, se le escapó. Realmente es un monstruo". Otro dijo con miedo.

"Monstruo o no, ¡vale demasiado para dejarlo pasar!" Dijo un cuarto, uno sosteniendo una espada. Después de hablar, el hombre cargó hacia adelante, con la intención de mutilar o simplemente herir. El adolescente no esperó a descubrir cuál era, balanceándose hacia la derecha mientras el hombre intentaba cortar su brazo izquierdo. Tan rápido como el hombre blandió su espada, Luffy bajó su puño hacia la cabeza del hombre, dejándolo inconsciente instantáneamente.

"Ah, mierda, no me inscribí en esto ..." Dijo un hombre del grupo.

"Somos cazarrecompensas, ¡¿para qué pensaste que te ibas a registrar ?!" Preguntó el que estaba a su lado.

"¡Humanos! ¡Me inscribí en humanos! ¡Eso no es humano!" Luffy frunció el ceño ante las palabras, pero hizo todo lo posible para que no le afectaran. Después de todo, había escuchado mucho como esto antes, lo que era uno más, y probablemente muchos más en el futuro, en la lista.

"Goma de chicle..."

"Eso no suena bien ..."

"¡Látigo!" Balanceando su pierna, Luffy derribó al grupo de unos doce, todos ellos chocando contra las puertas de entrada del bar.

"Nami, puedes ir a buscar tu dinero ahora", dijo Luffy, refiriéndose a las ganancias que Nami aún no había recibido del alcalde. La mujer de cabello naranja levantó la cabeza, parpadeando ante Luffy con sorpresa por un segundo.

"Cómo lo supiste-"

"Lo sentí", respondió Luffy, sabiendo ya lo que iba a preguntar.

"Bien. Supongo que te lo dejaré a ti entonces." Dijo, dándole un pulgar hacia arriba antes de entrar en el bar. Luffy echó una mirada más a Usopp y Sanji que aún estaban desmayados, asegurándose de que todavía estuvieran ilesos. A diferencia de Nami, Zoro y Luffy, estos dos no fingían dormir. Luffy podía sentir que ambos estaban profundamente inconscientes, sus silenciosos sentimientos felizmente inconscientes de lo que estaba sucediendo a su alrededor.

Desviando su atención de los dos, Luffy salió por la puerta principal por donde había echado al grupo a patadas. Al salir, vio al grupo mencionado poniéndose de pie, y otro grupo mucho más grande de gente del pueblo, así como el alcalde detrás de ellos.

"¡E-está despierto! ¡El monstruo! ¡11097!" Hubo jadeos y murmullos de la multitud mientras miraban a Luffy con los ojos muy abiertos.

"¡No importa! Somos unos 100 he-ma-ma-ma ... aquí ahora mismo. Podemos derribarlo". Dijo el alcalde desde el frente. Sabiendo que esta pelea no sería más que un calentamiento, Luffy se volvió para mirar a Zoro que estaba de pie en el techo del bar.

"Recordaste quiénes eran", dijo Luffy más de lo que preguntó. Podía sentir que la confusión de tratar de recordar por qué conocía a la Srta. Wednesday y al Sr. 9 finalmente había pasado y, en cambio, estaba lleno de reconocimiento.

"Así es. Se llaman Obras Barrocas". Zoro respondió, saltando del techo para unirse a Luffy.

"¡Bastardo! ¡¿Cómo es que sabes el nombre de nuestra empresa ?!" El Sr. 9, de quien Luffy no se había dado cuenta, estaba junto al alcalde junto con la señorita Wednesday, preguntó. Todos estaban aún más sorprendidos de lo que habían estado antes, claramente incrédulos, y tal vez incluso un poco asustados, por el hecho de que Zoro los conocía.

"Cuando estaba en una línea de trabajo similar, fui contratado por su empresa una vez. Naturalmente, lo rechacé. Los empleados no conocen la identidad de los demás y son llamados por nombres en clave. Por supuesto, el paradero del jefe y su la identidad también es un misterio, incluso para ellos. Baroque Works es un grupo criminal que simplemente cumple fielmente sus órdenes. ¡Hmph! ¿Era un secreto? " Zoro preguntó con una sonrisa amenazadora.

"Bueno, esto es sorprendente ... Si conoces nuestros secretos, entonces no tenemos otra opción que matarte. Se agregará otra lápida a las Rocas Cactus". Dijo Igarappoi, Luffy sintiendo que realmente tenía la intención de matarlos ahora mismo, con aura azul o no.

"¡Mátalos!" Gritó el alcalde, señalando enojado en su dirección. El efecto fue inmediato cuando la multitud de 100 cazarrecompensas cargó hacia Luffy y Zoro. Sin embargo, ninguno de los dos estaba preocupado en lo más mínimo, los dos observaban con calma cómo la multitud los atacaba.

"¿Lo tienes?" Preguntó Luffy, ya dándose la vuelta y caminando hacia la barra. Zoro se volvió para mirarlo confundido por un minuto antes de sonreír y asentir.

"Esto será fácil", dijo Zoro con confianza, sacando sus espadas mientras se enfrentaba a la multitud de nuevo. Luffy se rió de eso, asintiendo.

"Te lo dejo a ti entonces," dijo Luffy, tan confiado como Zoro de que el espadachín estaría bien.

"Está bien. ¿Vamos?" Luffy escuchó a Zoro preguntar antes de que comenzaran los sonidos de una pelea. Por mucho que Luffy quisiera una buena pelea, también sabía que probablemente debería llevar a Usopp y Sanji de regreso al Merry, para que no se vieran atrapados en la pelea mientras estaban inconscientes.

Al entrar, Luffy inmediatamente vio a sus dos compañeros de tripulación, aún tan desmayados como cuando los había dejado. Ambos tenían sonrisas en sus rostros y baba saliendo de sus bocas, felizmente inconscientes de lo que estaba sucediendo afuera.

Caminando hacia Usopp primero ya que era el más cercano, Luffy lo levantó y lo colgó sobre su hombro izquierdo. Pasando a Sanji a continuación, tiró al hombre sobre su derecha antes de girarse para salir de la barra de nuevo.

"¡Déjame contarte la historia # 731 del Capitán Usopp!" Usopp dijo en sueños.

"¡Mujeres hermosas en todas partes!" Sanji también arrulló en sueños. Luffy ignoró a los dos que tenía a cuestas mientras salía del bar, notando que la pelea se había trasladado a los callejones laterales de la ciudad y ya no había nadie fuera del bar. Hizo su trabajo más fácil, pero Luffy no mentiría y diría que no había esperado pelear contra alguien él mismo.

El camino de regreso al Merry fue tranquilo a pesar de los distantes sonidos de disparos en la distancia. A pesar de que se estaba alejando más, Luffy aún podía sentir las emociones de Zoro y por eso, estaba manteniendo algo de atención en eso para asegurarse de que Zoro no se metiera en nada que no pudiera manejar. Si bien confiaba en que Zoro podría manejar a todos aquí, eso no significaba que el espadachín no tendría ningún problema.

Como era de esperar, Zoro estaba bien. Hubo un estallido ocasional de dolor, pero siempre disminuyó rápidamente, diciéndole a Luffy que no era nada serio.

Cuando Luffy finalmente llegó al Merry, puso a Sanji y Usopp en el baño de hombres, y una vez que estuvieron a salvo, regresó para unirse a Zoro. Fue en este punto que hubo un estallido de dolor en Zoro que no disminuyó tan fácilmente como todos los demás estallidos. No era nada serio, pero le dijo a Luffy que alguien le había dado un golpe medio decente al espadachín.

En el momento en que Luffy caminaba hacia donde estaba Zoro, vio que Igarappoi, la señorita Wednesday y el Sr. 9 estaban parados entre decenas de cazarrecompensas que Zoro había derribado, solo un puñado seguía en pie. Zoro estaba de pie en el techo de una casa cercana, su frente sangraba y un cuerpo a sus pies.

"Parece que finalmente es nuestro turno de luchar". Miss Wednesday dijo con determinación.

"Puede que lo sepas, pero en Baroque Works, cuanto menor es el número, mayor es su nivel y su poder destructivo. Los tres, Mr. 9, Mr. 8 y Miss Wednesday, somos agentes con un solo dígito número, lo que significa que somos personas poderosas que están más allá de la comparación con aquellos a los que acaba de vencer ". Dijo el Sr. 9, levantando un meñique en el aire mientras sonreía diabólicamente, claramente pensando que iba a asustar a Zoro con sus palabras.

"Zoro podría llevarlos a todos", dijo Luffy mientras continuaba caminando casualmente hacia el grupo. Era obvio que los miembros de Baroque Works se habían olvidado de él, todos dando vueltas con los ojos muy abiertos.

"¡11097!" Chilló el Sr. 9, su anterior confianza desapareció al ver a Luffy.

"Has vuelto", dijo Zoro en lugar de un saludo.

"Sí. Usopp y Sanji todavía están durmiendo. Nami ... en algún lugar de allí." Dijo Luffy, gesticulando vagamente en la dirección en la que podía oler y sentir al navegante. Volviendo su atención de nuevo a los tres agentes de Baroque Works y al pequeño puñado de cazarrecompensas, Luffy sonrió.

"¿Quiero ayuda?" Preguntó, sabiendo ya cuál sería la respuesta de Zoro.

"No, tengo este Capitán." La sonrisa se ensanchó ante la predecible respuesta de Zoro, Luffy se sentó contra uno de los edificios.

"Voy a tomar una siesta entonces", dijo Luffy con un bostezo. Era tarde en la noche, la luna estaba en lo alto del cielo ahora. No había dormido mucho antes, por lo que sería bueno descansar un poco más mientras pudiera.

"¡No nos subestimes!" Los agentes de Baroque Works chillaron. Sin embargo, Luffy los ignoró, incluso cuando Igarappoi sacó lo que parecía ser un instrumento pero resultó ser un arma. Antes de que el hombre pudiera intentar usarlo con Luffy, Zoro bajó de la azotea y lo detuvo, atrayendo la atención de los agentes hacia él.

"Estás peleando conmigo ahora mismo. Veamos qué tan buenos son realmente".

/ \ / \ / \ / \ / \ / \ / \ / \ / \ / \ / \ / \ / \

La sensación de que alguien usaba su estómago como plataforma de rebote despertó a Luffy. Parpadeando y mirando confundido a su alrededor, el joven Capitán trató de averiguar dónde estaba y qué estaba sucediendo. Sin embargo, no tardó en recordarlo, ya que un grito desde arriba mostró a Zoro cortando a Igarappoi en el pecho, derrotando al alcalde de la ciudad. Cuando el hombre cayó, Luffy notó que el resto de Baroque Works también estaba caído, Zoro los había vencido a todos con éxito.

De pie y estirándose, Luffy se agarró al techo en el que Zoro estaba ahora sentado, uniéndose a su espadachín allí arriba mientras el hombre sacaba una botella de alcohol.

"Buen trabajo Zoro." Luffy lo felicitó, sentándose al lado del hombre.

"Gracias. Entonces, ¿nos vamos ahora?" Preguntó el espadachín mientras tomaba un trago de su bebida. Luffy se encogió de hombros, apoyándose en sus manos y mirando al cielo.

"No lo sé. Nami dijo antes que teníamos que esperar a que se estableciera el registro, ¿verdad?" Preguntó Luffy.

"Ah, cierto. Me olvidé de eso. Bueno, al menos todavía hay mucho alcohol por ahí." Zoro dijo mientras seguía bebiendo. Luffy comenzó a reírse de eso cuando sintió que llegaban dos personas nuevas, más fuertes que el Sr. 9, el Sr. 8 y la Srta. Wednesday. Al ver el cambio en la postura de Luffy, Zoro miró hacia donde miraba su Capitán.

"¿Qué pasa?" Preguntó, queriendo saber qué estaba sintiendo Luffy que no podía.

"Acaban de llegar dos personas más. Son más fuertes que los tipos con los que acaba de pelear". Dijo Luffy, volviéndose para mirar hacia adelante de nuevo, claramente no preocupado por ellos. Al ver esto, Zoro decidió que tampoco se preocuparía por eso, y en su lugar terminó su bebida.

Solo estuvo en silencio por otro segundo cuando una explosión sonó a su derecha, un destello de luz indicando que algo estalló.

"Nami está aquí", le dijo Luffy a Zoro, señalando la calle donde el navegante se movía a escondidas.

"Oh, bien, podemos irnos entonces", dijo Zoro, moviéndose para pararse. Sin embargo, antes de que pudiera hacerlo, Luffy lo agarró por la muñeca y tiró de él hacia abajo.

"Oye, ¿qué estás haciendo?" Preguntó confundido, apenas notando a las dos nuevas personas caminando por la calle al lado del edificio en el que estaban. Nami pudo deslizarse sigilosamente contra el otro lado del edificio para evitar ser vista, razón por la cual Luffy no se detuvo ni la agarró.

Quienquiera que fueran estas dos nuevas personas, eran las que acababan de llegar; los más fuertes. Estaban llenos de malicia y determinación, sus auras de un gris oscuro que Luffy no había visto en nadie más en la isla hasta ahora.

"No son buenas personas", dijo Luffy en voz baja a Zoro. El espadachín frunció el ceño pero permaneció en silencio ante eso; Zoro, Luffy y Nami observaron mientras los dos recién llegados caminaban hacia donde estaban sentados el Sr. 9, el Sr. 8 y la Srta. Wednesday después de que Zoro los derrotara. También había un pato allí también, pero Luffy no tenía idea de dónde había venido, ya que había estado dormido.

Los tres sombreros de paja permanecieron en silencio, escuchando mientras los Agentes Barrocos hablaban entre sí. Descubrieron que los dos recién llegados eran el Sr. 5 y la Srta. Valentine, dos agentes más altos que los tres que Zoro ya había derribado, lo que explicaba por qué eran más fuertes.

Al principio, parecía que el Sr. 5 y la Srta. Valentine estaban aquí para ayudar a los otros agentes a acabar con Zoro, Luffy y el resto de la tripulación, pero rápidamente se hizo evidente que ese no era el caso. Comenzaron a hablar de cómo alguien descubrió los secretos del jefe, fueran lo que fueran, y que estaban allí para acabar con ellos ahora.

Comenzaron a explicar que los dos que habían hecho esto eran del Reino de Alabastan, un lugar del que Luffy nunca había oído hablar antes, pero antes de que pudieran revelar quién era, Igarappoi se puso de pie, las armas provenían de los rollos gigantes en su cabello y dispararon.

"¡Muere! ¡Igarappappa!" Hubo una fuerte explosión cuando todos los cañones dispararon a la vez, levantando una nube de polvo.

"¡No dejaré que pongas un dedo en nuestra princesa! ¡En mi nombre como Capitán de Escuadrón de Seguridad del Reino de Arabasta!" Gritó el hombre, extendiendo los brazos a los costados para evitar que la señorita Wednesday sufriera algún daño.

"¡Igaram!" Gritó la señorita Wednesday, con los ojos muy abiertos.

"Pensé que se llamaba Igarama, Igarapa, Ipa, Igarappoi", dijo Luffy, luchando por encontrar el nombre correcto.

"Obviamente estaba mintiendo", dijo Zoro, recordándole a Luffy que lo había sabido desde el principio.

"Oh, sí, claro." Dijo el Capitán, volviendo su atención al grupo debajo de ellos.

"Igaram, el Capitán de Escuadrón de Seguridad del Reino de Arabasta. Y es la Princesa Nefertari Vivi. En nombre del jefe de Baroque Works, los eliminaremos a ustedes dos". Dijo el Sr. 5, sosteniendo una foto de la señorita Wednesday, ahora se revela que se llama Vivi. El polvo se aclaró, mostrando que los dos no se vieron afectados por la explosión, pero Igaram no se detuvo, sino que disparó más rondas en un vano intento de detener lo que estaba por venir.

Sin embargo, parecía que esto era todo lo que Igaram podía hacer mientras caía hacia adelante, exhausto después de su pelea con Zoro y ahora esto.

"¡Igaram!" Vivi gritó preocupada, corriendo al lado del hombre.

"¡No sirve de nada!" La señorita Valentine gritó desde lo alto del aire, con el paraguas abierto por encima de ella. Luego, se desplomó rápidamente hacia Vivi, pateando su pierna hacia la mujer. Vivi pudo esquivar, pero su cinta de metal que sostenía su cabello estaba rota, mostrando la fuerza detrás de la patada de la señorita Valentine. A pesar de estar en clara desventaja y ya tan cansada como Igaram, Vivi todavía intentó defenderse, enganchando un anillo en su dedo que tenía un disco afilado en el extremo de un alambre que parecía una pluma de pavo real. Girándolo rápidamente, lo giró hacia la señorita Valentine, pero la mujer lo esquivó sin esfuerzo, flotando de regreso al lado del Sr. 5.

"¡Monstruos!" Vivi les gritó a los dos agentes, claramente angustiada.

"V-Vivi, ¡¿eres una princesa ?!" Preguntó el Sr. 9 desde el suelo, todavía en estado de shock por ese detalle.

"¡No es momento de bromear con el Sr. 9!" Vivi gritó, volviendo su angustia hacia el hombre.

"¡Vivi-sama! ¡No te preocupes! ¡Solo por favor ... escapa de aquí! Por nuestra patria ..." Dijo Igaram desesperadamente desde el suelo, sin poder mirar atrás hacia Vivi.

"Sin ti, nuestro reino de Arabasta será ... ¡Por favor! ¡Date prisa!" Igaram continuó suplicando. Vivi ni siquiera tuvo tiempo para decidir qué quería hacer cuando el Sr. 5 comenzó a meterse en la nariz.

"¿Crees que puedes escapar de nosotros?" Preguntó, Luffy sintiendo que se estaba preparando para atacar, pero sin saber qué esperar.

"¡No te metas conmigo!" Vivi rugió, olvidándose momentáneamente de su preocupación mientras sacaba un segundo anillo que puso en sus otras manos meñique, haciendo girar los dos discos simultáneamente. Sin embargo, antes de que alguien pudiera hacer un movimiento para atacar, el Sr. 9 se paró frente a Igaram y Vivi, sosteniendo su bate frente a Vivi.

"Estoy teniendo dificultades para tragarme lo que está pasando aquí, pero hemos sido pareja durante mucho tiempo. ¡Te compraré algo de tiempo! ¡Adelante, señorita Wednesday!" Dijo el Sr. 9, sonriéndole a Vivi.

"¡Sr. 9!"

"Bastante varonil, ¿no crees? ¡Adiós, bebé! Murciélago de sangre caliente ..." En ese momento, el Sr. 9 comenzó a girar hacia el Sr. 5 y la Srta. Valentine, decidido a hacer lo que él había dicho y abrazarlos. apagado. Luffy se sintió sonreír ante la acción, recordando algo que había aprendido hace mucho tiempo.

Las personas con buenos colores aún pueden hacer cosas malas y las personas con malos colores aún pueden hacer cosas buenas.

"Vamos Zoro, es hora de que nos vayamos", dijo Luffy, parándose de donde habían estado sentados y moviéndose hacia donde Nami estaba escondida, agarrándola y jalándola con ellos. Gritó ante la repentina sensación de ser arrastrada, pero una vez que se dio cuenta de quién era, no protestó más.

"¡Qué diablos! ¡Avísame primero!" Gritó, todavía molesta por la sorpresa.

"Shishishi, lo siento, ¡pero tenemos que irnos!" Luffy le dijo, él y Zoro se volvieron para mirar dónde el Sr. 9 se estaba acercando al Sr. 5.

"Tienes razón en eso. No estoy completamente seguro de lo que está pasando aquí, pero no es algo en lo que creo que debamos quedarnos atrapados". Nami dijo asintiendo con la cabeza, preparándose para dirigirse al Merry. Sin embargo, no tuvo la oportunidad de comenzar cuando Luffy saltó del techo, corrió hacia Igaram y Vivi y agarró a los dos por debajo de sus brazos.

"¡¿Q-qué ?!" Vivi e Igaram preguntaron simultáneamente, los dos no habían esperado esto al igual que Nami no había esperado que la agarraran.

"¡Vamos chicos!" Luffy llamó a sus compañeros de tripulación, riendo mientras seguía corriendo por la calle.

"¡¿Qué está haciendo ese idiota ahora ?!" Zoro preguntó con irritación.

"¡Quién sabe con él!" Nami dijo, igual de molesta. Independientemente, los dos lo siguieron, ignorando los sonidos de explosiones que venían detrás de ellos.

—¡Señor Capitán, tengo una petición suya, por irrazonable que parezca! Igaram le dijo a Luffy. El adolescente dejó de reír, mirando a Igaram confundido mientras Zoro gritaba detrás de ellos.

"¡¿Intentabas matarnos antes y ahora estás pidiendo favores ?!" El espadachín gritó con irritación pero fue ignorado.

"¿Eh? ¿Qué es?" Preguntó Luffy, preguntándose qué quería el hombre.

"¡¿Puedo pedirte que protejas a la princesa en mi lugar ?! Esos dos de atrás son consumidores de frutas del diablo, y no tengo forma de luchar contra ellos solo. ¡Por favor, mantenla a salvo en mi corcel!" Igaram comenzó a suplicar de nuevo.

"¡Igaram!" Vivi llamó al hombre.

"Si puedes llevar con seguridad a la princesa al gran reino de Arabasta, en el lejano este de aquí ... ¡Te prometo que serás inmensamente recompensado! ¡Te lo ruego humildemente! ¡Por favor, mantén a la princesa a salvo!" Continuó Igaram. Zoro y Nami estaban lo suficientemente cerca detrás de ellos para escuchar la conversación y ante la mención de una recompensa, Nami aceleró a su lado, la codicia en sus ojos.

"¿Es esta 'inmensa recompensa' de verdad?" Preguntó con una sonrisa maliciosa.

"¡Aceptaré esa oferta! ¿Cómo suenan mil millones de bayas?" Continuó con un guiño. Luffy parpadeó hacia ella, pero tampoco la detuvo mientras Vivi e Igaram la miraban boquiabiertos.

"¡¿O-mil millones be- ?!" Los dos ya no pudieron encontrar sus palabras, demasiado sorprendidos por la recompensa exigida para hablar.

"¿Nos prometes los mil millones, Capitán de escuadrón? Si no pides nuestra ayuda, tu princesa probablemente morirá ..." Nami empujó con destreza. Vivi palideció ante eso mientras Igaram parecía estar luchando con una respuesta.

"Un simple soldado como yo no puede prometer sumas tan grandes de dinero ..." Dijo, tratando de no responder directamente.

"No estás sugiriendo que una princesa vale menos que eso, ¿verdad? Paga". Nami dijo, la sonrisa se hizo más grande.

"¡Ahora ella lo está amenazando!" Zoro dijo con incredulidad detrás de ellos.

"Oigan, nos están persiguiendo", les dijo Luffy a todos, sintiendo que el Sr. 5 y la Srta. Valentine habían derribado al Sr. 9 y ahora venían tras ellos. Ante esta noticia, la sonrisa de Nami solo pareció crecer si era posible, mientras que Igaram y Vivi comenzaron a retorcerse de miedo.

"En ese caso, si estás dispuesto a entregar a la princesa allí de manera segura, ¡sería mejor si negociaras los términos con ella directamente!" Dijo Igaram, Vivi le envió una mirada de traición ante esa respuesta.

"¿Oh? ¿Es eso así? Bueno, princesa, ¿qué será? ¿Mil millones por mantenerte a salvo?" Preguntó Nami.

"Yo-yo ... eso es ... Uh ... ¿Por qué no calculamos los números después de que ya no estemos en peligro?" Vivi preguntó débilmente. La promesa de que había dinero seguro parecía ser suficiente para apaciguar a Nami mientras le daba una palmada en la espalda a Luffy.

"En ese caso, te dejo a ti Luffy!" Dijo, todavía sonriendo ampliamente.

"¡Derecha!" Luffy respondió, sin darse cuenta de que lo estaban utilizando para los planes de hacer dinero de

Nami. Además, ya había decidido hace un tiempo lo que iba a hacer, sin importar si les pagaban o no.

"¡Estoy tan avergonzada! ¡Si tan solo hubiera sido más fuerte, podría haber protegido a la princesa!" Dijo Igaram lastimosamente.

"¡No te preocupes por eso! ¡Es increíblemente fuerte!" Nami dijo, claramente ella misma no estaba preocupada.

"Si algo le pasara a la princesa- a Vivi-sama ... el Reino de Arabasta se acabará ... ¡Ella debe vivir!" Terminó oscuramente. La sonrisa de Nami cayó ante eso, dándose cuenta de que había mucho más en juego aquí de lo que había pensado originalmente. Bajo el otro brazo de Luffy, Vivi miró al suelo, compartiendo los sentimientos de Igaram sobre el tema.

Luffy quería hacer muchas preguntas sobre lo que estaba sucediendo, porque no estaba siguiendo por completo la conversación, pero su haki le advirtió que deberían dejar de correr, ahora . Al escuchar esto, patinó hasta detenerse, dejando caer a Vivi e Igaram al suelo e impidiendo que Nami corriera hacia adelante con su ahora brazo libre. Zoro estaba detrás de ellos, por lo que pudo detenerse antes de pasar corriendo, preguntándose qué pasaba.

Solo unos segundos después, estalló una explosión justo donde habrían estado.

"Señor 5 ..." susurró Vivi desde el suelo, con los ojos muy abiertos.

"Soy un hombre bomba. Puedo hacer que todo mi cuerpo explote. Gracias a este poder de la fruta Bomb-Bomb, ¡no hay misión que nunca haya completado!" Dijo el Sr. 5 con confianza detrás de ellos.

"¡Usando mi poder de frutas Kilo-Kilo, enterraré a la señorita Wednesday en el suelo!" Dijo una voz del cielo. Miraron hacia arriba para ver que la señorita Valentine estaba flotando en el aire, haciendo girar su paraguas frente a ella mientras sonreía maliciosamente hacia ellos.

"¡Puedo cambiar mi peso corporal a voluntad! ¡Ahora mismo soy lo suficientemente liviano como para ser levantado por el viento! ¡Pero ahora es el momento de ponerme pesado! 2 kilogramos ... 3 kilogramos ..." La señorita Valentine lentamente comenzó a ganar velocidad, cayendo en picado hacia ellos cada vez más rápido.

"5 kilogramos ... 10 kilogramos ... 100 kilogramos ... 1000 kilogramos! 10,000 kilogramos!" No queriendo que Igaram y Vivi fueran aplastados, Luffy miró a Zoro, agarró a los dos por la parte de atrás de sus camisas y lo arrojó en su dirección.

"¡Zoro! ¡Nami! ¡Corre!" Luffy los llamó, queriendo que se apartaran mientras pudieran. No dudaron en hacer precisamente eso, viendo cuál sería su futuro si no lo hicieran. Zoro atrapó fácilmente los dos cuerpos que le arrojaron y salió corriendo, Nami pisándole los talones mientras Luffy permanecía inmóvil. Observó cómo la señorita Valentine se acercaba cada vez más, con una sonrisa maníaca en su rostro al ver que Luffy iba a ser un blanco fácil.

Luffy la dejó caer cada vez más cerca hasta que estuvo a solo unos centímetros de él, momento en el que usó la segunda marcha para apartarse del camino. Como él se movía tan rápido, la señorita Valentine no tuvo tiempo de reajustar su peso o cambiar de rumbo hacia el nuevo lugar de Luffy, y en su lugar se precipitó hacia el suelo, creando un gran cráter a su alrededor. Esto no pareció desconcertar a la mujer mientras flotaba fuera del agujero, solo levemente perturbada cuando regresó al lado del Sr. 5.

"Entonces eres 11097, también conocido como Monkey D. Luffy". Dijo el Sr. 5, él y la Srta. Valentine miraron a Luffy con atención.

"¿Por qué querrías proteger a la princesa de Arabasta?" Preguntó, mirando hacia donde Vivi estaba ahora parada junto a Zoro y Nami.

"¿Por qué no? Ella es una buena persona." Luffy dijo con total naturalidad, mirando los colores oscuros alrededor del Sr. 5 y la Srta. Valentine de nuevo, los colores contrastaban con el azul brillante de Vivi.

"Supongo que realmente no importa. Eres nuestro enemigo, de una forma u otra. Estás en nuestro camino". Continuó el Sr. 5. A su lado, la sonrisa de la señorita Valentine volvió a crecer.

"¡Si, él es!" Ella estuvo de acuerdo con una risa. Dicho esto, el Sr. 5 comenzó a hurgarse la nariz de nuevo, Nami se encogió de disgusto mientras Zoro y Luffy miraban sin expresión. Ni siquiera dijo nada mientras movía el moco que había elegido hacia Luffy. Como antes, Luffy no se movió, dejando que lo que ahora era una bomba se precipitara hacia él, sabiendo que no lo afectaría en lo más mínimo.

Como era de esperar, hubo una fuerte explosión, pero cuando el polvo se asentó, Luffy todavía estaba de pie, tan poco afectado como había predicho.

"¿Por qué todo el mundo siempre usa explosivos?" Preguntó el joven Capitán con un pequeño puchero. Una y otra vez, lucharía contra enemigos que siempre pensaron que los explosivos funcionarían con Luffy. Si bien normalmente los explosivos serían extremadamente útiles contra la gente normal, Luffy no era una persona normal y todos los explosivos que hacían eran calentar el aire brevemente.

La señorita Valentine y el Sr. 5 se sorprendieron al ver a Luffy ileso, y aunque el Sr. 5 no mostró su sorpresa en su rostro, Luffy aún podía sentirlo en él.

"Voy a llevar a Vivi a su casa. Si quieres detenerme, tendrás que ser mucho más fuerte que eso". Dijo Luffy, sabiendo ya quién iba a ganar esta pelea. Sin embargo, sus palabras no hicieron más que irritar a los dos, y su ira aumentó.

"¡No te burles de nosotros! ¡Somos agentes oficiales barrocos!" La señorita Valentine escupió con una mirada furiosa.

"¡Sr. 5, demostrémosle lo que podemos hacer!" Ella dijo, el hombre de la bomba asintió con la cabeza. Los dos corrieron hacia adelante, listos para atacar a Luffy, pero no había mucho que pudieran hacer contra Luffy. Sus dos frutas del diablo eran inútiles contra Luffy, quien era inmune tanto a las explosiones como a ser aplastado. Por eso, Luffy sabía que esta pelea no iba a ser divertida, y para evitar alargar esto más de lo necesario, esperó hasta que estuvieron lo suficientemente cerca antes de golpear a los dos en la cabeza. El golpe fue lo suficientemente fuerte como para que los dos cayeran inconscientes de inmediato, cayendo al suelo como Luffy esperaba que lo hicieran.

"Está bien, están fuera", dijo Luffy, volviéndose para mirar a su tripulación, así como a sus dos nuevos compañeros. Vivi e Igaram lo miraban con los ojos muy abiertos, sorprendidos por esta demostración de fuerza, mientras que Nami y Zoro ya no se inmutaban por ella.

"¡¿Se ha deshecho de dos agentes barrocos ?!" Vivi e Igaram preguntaron con incredulidad. Junto a ellos, Nami volvió a sonreír con picardía.

"Así es. Te dije que era increíblemente fuerte, ¿recuerdas? Ahora, sobre ese pago. ¿Mil millones? Es una oferta bastante buena si me preguntas". Dijo el navegante, tanto Igaram como Vivi palidecieron ante la mención del pago.

"N-ahora espera, antes de que comencemos a discutir el pago, tenemos que preocuparnos por cómo dejarás esta isla, ¿correcto?" Preguntó Igaram, tratando de desviar la conversación del dinero.

"¿De qué estás hablando? Tenemos nuestro propio barco que podemos usar". Zoro dijo confundido.

"Si bien sí, tienes una pose de barco y tronco que puedes seguir, eso no detiene la totalidad de Baroque Works que ahora te perseguirá", explicó Igaram, sentándose lo mejor que pudo.

"¡No te preocupes, puedo luchar contra todos!" Luffy dijo, agarrando su bíceps con una sonrisa.

"No lo dudo, pero no queremos que sepan dónde está realmente la princesa. Si lo saben, les dará tiempo para prepararse una vez que vean lo cerca que está de Arabasta". El hombre prosiguió.

"Entonces, ¿qué se supone que debemos hacer al respecto?" Preguntó Zoro, aunque al igual que Luffy, no estaba viendo cómo esto era un gran problema.

"Tengo un plan para eso. Ustedes cuatro quédense aquí, ya vuelvo". Dicho esto, el hombre se puso de pie, cojeando de regreso a la ciudad. Lo vieron irse, los sombreros de paja confundidos mientras Vivi miraba preocupada, pero nadie lo detuvo.

"Ahora, ¿sobre ese pago?" Nami volvió a molestar, Vivi suspiró derrotada.

"Aprecio que me hayas salvado. Gracias. Y sé que te engañé antes para que me salvaras, pero no puedo". Dijo Vivi, mirando hacia abajo con vergüenza.

"¿Qué quieres decir con que no puedes? Eres una princesa. Mil millones no deberían ser mucho ..." dijo Nami confundida.

"¿Conoces el reino conocido como Arabasta?" Preguntó Vivi, mirando a Nami con el ceño fruncido.

"No," dijo Nami, preguntándose qué tenía que ver eso con algo. Detrás de ella, Luffy y Zoro compartieron una mirada antes de negar con la cabeza también, ninguno de ellos sabía sobre el reino. Mirando hacia abajo de nuevo, Vivi frunció aún más el ceño.

"Es un reino pacífico conocido como una gran civilización y nación. Bueno, solía serlo". Dijo, sus emociones se volvieron cada vez más tristes mientras hablaba.

"¿Solía serlo? ¿Y ahora?" Nami preguntó preocupada. Incluso si ella nunca había oído hablar del lugar, seguía siendo la casa de alguien, y escuchar que no le estaba yendo tan bien hizo que Nami se preocupara por la gente que vivía allí.

"Está en medio de una guerra civil. Desde hace años comienzan a aparecer señales de una revolución. La gente se rebeló y el reino cayó en un caos total ... Entonces, un día, escuché el nombre de una organización. .. ¡Obras barrocas! " Ante esas palabras, Vivi levantó la cabeza para mostrar la rabia en su rostro, un odio ardiendo dentro de ella que casi influyó en Luffy.

"Me enteré de que este grupo estaba manipulando a la población. Pero no había otra información que no fuera esa, y no había nada más que pudiera hacer. Fue entonces cuando le pregunté a Igaram, quien siempre se entrometía en mi negocio desde la infancia, en busca de ayuda. Le pregunté si había alguna manera de infiltrarme en Baroque Works. Porque eso nos permitiría ver quién manejaba los hilos y cuál era su objetivo ". Admitió Vivi. Ante sus palabras, Zoro se encontró sonriendo, sosteniendo sus espadas a su costado.

"Eres una princesa muy animada. ¿Entonces? ¿Descubriste esta meta de ellos?" Preguntó el espadachín con curiosidad. Vivi asintió con la cabeza en confirmación.

"La fundación de una nación ideal. Aquellos que trabajan para Mr. 0 tienen garantizada una alta posición en esta nueva nación. Cuanto más fuerte seas, menor será tu número y mayor será la posición que tendrás. El jefe dice que esto es ¡Todo para crear una nación ideal, pero es una enorme mentira! ¡El verdadero objetivo es apoderarse del Reino de Arabasta! ¡Tengo que volver rápidamente, decirles a todos la verdad y detener la lucha! Si no hago algo ... No hago nada ... "Vivi ni siquiera pudo terminar su oración, sus puños apretados con tanta fuerza en su regazo que estaban temblando.

"Ya veo. Así que ese es el trato. Ahora todo finalmente se conecta. No habría dinero durante una guerra civil, eh ..." preguntó Nami, porque aunque se sentía mal por el reino en sí, también se sentía mal porque había no era una recompensa de mil millones de beli en su futuro.

"Oye, ¿quién está moviendo los hilos?" Luffy preguntó con curiosidad, queriendo saber si era alguien fuerte. Seguramente tenía que serlo si tenían una organización tan grande siguiéndolos, pero Luffy sabía que no siempre era el caso que la cabeza de algo fuera fuerte.

"¡¿La identidad del jefe ?!" Preguntó Vivi, con los ojos muy abiertos por la sorpresa de que él hubiera preguntado.

"¡N-no deberías preguntar eso!" Ella advirtió preocupada.

"¿Sabes quién es, verdad?" Luffy continuó preguntando confundido, preguntándose cuál era el problema. Sin embargo, el miedo de Vivi solo creció con esto, la princesa agitó sus manos rápidamente frente a ella.

"¡No me preguntes! ¡Cualquier cosa menos eso! ¡Tus vidas también estarán en peligro!" Vivi dijo con miedo.

"Creo que pasaré eso. Después de todo, ¡estos tipos están tratando de apoderarse de todo un país! ¡Obviamente son personas increíblemente peligrosas!" Nami dijo con una risa nerviosa, sudando ante la idea.

"¡Sí! ¡Lo son! ¡Tan fuertes como ustedes tal vez, nunca tendrían una oportunidad contra uno de los Siete Señores de la Guerra del Mar, Cocodrilo!" Hubo un momento de silencio cuando todos se dieron cuenta de lo que Vivi acababa de decir, y una vez que lo hicieron, Vivi y Nami palidecieron, las mandíbulas cayeron y los ojos muy abiertos.

" ¿Quién ahora? ", Gritó Nami con miedo.

"Lo acabas de decir ..." Zoro dijo inexpresivamente, sin saber exactamente cómo se sentía al respecto. Mientras se recuperaban de la conmoción de Vivi al revelarles la identidad del jefe, notaron que junto a ellos había un buitre y una nutria marina mirándolos. Como cuando Vivi derramó los frijoles, nadie habló mientras procesaban lo que estaban viendo. Cuando los dos volaron, Nami se volvió hacia Vivi, sacudiéndola furiosamente, las lágrimas caían.

"¡¿Qué era ese pájaro y esa nutria marina ?!" Exigió, sacudiendo a la princesa con dureza.

"¡Lo siento lo siento!" Vivi repitió una y otra vez, las lágrimas también caían por su rostro.

"¡¿Se lo van a decir a alguien ?!" Nami continuó exigiendo, temiendo por su vida. Sin embargo, a pesar de todo esto, Luffy solo se sintió emocionado.

"¡Oye, un señor de la guerra!" Aplaudió a Zoro, quien le devolvió la sonrisa.

"¡No está nada mal!" Dijo el espadachín.

"¡Lo-lo siento mucho! ¡Se me escapó!" Vivi continuó, todavía siendo arrojada por Nami en el fondo.

"¡Como si eso realmente arregla las cosas ahora! ¡¿Por qué tuviste que arrastrarnos contigo ?!" Nami gritó de vuelta, todo mientras Luffy seguía riendo.

"¡Ser perseguido por un señor de la guerra en el momento en que entramos en Grand Line es demasiado para mí!" Nami dijo, finalmente dejando caer a Vivi al suelo y llorando en sus manos.

"¡Tenemos suerte de poder verlo tan pronto!" Zoro le dijo a Luffy, los dos todavía imperturbables por la angustia de Nami y Vivi, demasiado concentrados en lo que sabían que sería una pelea mucho más interesante que todas las que habían tenido hasta ahora.

"¡Me pregunto cómo será!" Luffy estuvo de acuerdo.

"¡Cállate los dos!" Nami ladró de nuevo antes de que comenzara a alejarse enojada.

"Ha sido un poco conocido, ¡pero te agradezco por todo!" Llamó sin volverse atrás mientras se alejaba por la calle.

"¿Adónde vas?" Luffy preguntó confundido.

"¡Todavía no saben cómo somos! ¡Me estoy escapando!" Dijo Nami, solo para caminar hacia la nutria y el buitre de antes. La nutria estaba garabateando algo en un trozo de papel, y se volvieron para mostrar tres retratos de Nami, Luffy y Zoro.

"¡Wow! ¡Eso es tan bueno!" Nami lo felicitó justo antes de darse cuenta de lo que estaba viendo. Dándose la vuelta con rabia, les gritó a los tres que estaban mirando.

"Supongo que esto significa que no hay lugar a donde correr ahora, ¿eh?" El navegante gritó furioso.

"¡Lo siento!" Vivi volvió a llamar.

"¡Ella es graciosa!" Luffy se rió.

"¿A dónde estaba planeando correr, de todos modos?" Preguntó Zoro antes de sonreír.

"Supongo que esto significa que los tres estamos ahora en la lista de blancos de Baroque Work". Dijo el espadachín, provocando más risas en Luffy.

"¡Eso es emocionante!" Luffy dijo, pensando en toda la diversión que vendrá. Nami, sin embargo, estaba sentada en el suelo, con los brazos sujetando sus piernas con fuerza contra su pecho mientras una ola de depresión se deslizaba fuera de ella.

"Yo-yo tengo 500,000 Berries ahorrados ..." Dijo Vivi en un intento de consolar a la otra mujer, todavía sintiéndose mal por haberlos arrastrado a todos a esto de mala gana.

"¡No temas! Its-ma-ma-ma ... ¡Está bien! Como dije antes, ¡tengo un plan!" El grupo, sin Nami, se volvió para ver a Igaram, que ahora estaba vestido con la misma ropa que Vivi, su cabello gigante ahora domesticado en una cola de caballo que hacía juego con el aspecto de Vivi antes, salvo por los rizos en la parte inferior. En sus brazos sostenía tres muñecos de peluche con toscos dibujos a modo de rostros.

"¡Igaram! ¡¿Qué es esa ropa ?!" Preguntó Vivi, desviando su atención de Nami que todavía estaba sentada deprimentemente en el suelo.

"¡Te ves muy gracioso con esos, viejo!" Dijo Luffy, acercándose al hombre y viendo más de cerca el extraño atuendo.

"Es idiota tras idiota ..." Nami murmuró débilmente, de espaldas a Igaram y al resto.

"Vivi-sama, por favor escúchame con atención. Una vez que la red de inteligencia de Baroque Works se entere de algo, los perseguidores te perseguirán casi de inmediato. Además de eso, si conoces los secretos del jefe ... Sabes lo que sucede". Igaram le dijo a la princesa que escuchó con atención.

"Un millar de personas vendrán después de ti". Ella respondió, solo causando que el miedo de Namis creciera rápidamente.

"Por lo tanto, fingiré ser tú, como tal, y navegaré directamente a Arabasta con tres maniquíes a bordo". Igaram continuó mientras Luffy tocaba dichos maniquíes.

"¿Se supone que estos somos nosotros?" Preguntó el adolescente.

"Un señuelo, eh ..." dijo Zoro, también mirando a los maniquíes.

"Mientras los perseguidores están ocupados conmigo, todos ustedes se dirigirán a Arabasta por la ruta normal", dijo Igaram, ignorando a los dos.

"¡Espera! ¡¿Quién dijo que íbamos a llevar a la princesa allí ?! ¡Todavía no hemos llegado a un acuerdo, sabes!" Nami dijo débilmente, levantándose finalmente.

"No te preocupes, la llevaremos", aseguró Luffy, para disgusto de Namis.

"¡Crocodile vendrá por nosotros, sabes!" Ella chilló, sosteniendo un puño en el aire mientras lo hacía.

"¿Crocodile es realmente tan fuerte?" Preguntó Luffy, preguntándose por qué Nami se estaba poniendo tan nerviosa por esto. Claro, el hombre era un señor de la guerra, y Luffy sabía que se suponía que los señores de la guerra eran fuertes, pero ¿qué tan fuertes?

"Es uno de los siete señores de la guerra del mar. Es un pirata legalmente reconocido y, por lo tanto, no tiene recompensa por su cabeza. Sin embargo, la recompensa que tenía hace mucho tiempo era de 80 millones de bayas". Igaram le dijo al Capitán.

"¡¿80 millones ?! ¡Eso es cuatro veces la recompensa de Arlong! ¡Di que no!" Exigió Nami, las lágrimas cayeron de nuevo.

"¿Lo harás?" Igaram le preguntó a Luffy seriamente, todos ellos ignorando los gritos de Namis.

"¡Sí! ¡Suena divertido!" Ante la respuesta de Luffy, Nami puso su cabeza en su mano, marchitándose.

"¡Siempre estaré agradecido!" Dijo Igaram, Luffy sintiendo que la gratitud del hombre era real.

A pesar de que Nami todavía se oponía mucho a esta idea, todavía la siguió cuando todos comenzaron a dirigirse a la nave de Igarams, pero eso no significaba que estuviera feliz por eso en lo más mínimo. Durante todo el camino, Luffy pudo sentir su miedo y nerviosismo, aunque había dejado de mostrarlo tan expresamente como lo había hecho antes. Zoro, como Luffy, no estaba más que emocionado, mientras que Vivi e Igaram estaban mucho más moderados y tensos. La mezcla de emociones era extraña, pero Luffy trató de concentrarse más en lo que vendría en lugar de en la extraña amalgama de emociones que podía sentir ahora.

Cuando finalmente llegaron al barco, Igaram se volvió hacia ellos, Vivi se acercó a él mientras sentía una despedida.

"Ahora, entonces. Yo, Vivi, me iré de aquí." Dijo Igaram, imitando la voz de Vivi.

"¡Esa es una imitación perfecta, viejo!" Luffy elogió.

"¡¿Imitación de quién ?!" Preguntó Nami, sabiendo que nadie en su sano juicio creería que esa era la voz de Vivi.

"Ahora bien, princesa. Por favor, dame la pose eterna." Preguntó Igaram, su voz volvió a la normalidad mientras extendía la mano hacia el objeto. Con el corazón apesadumbrado, Vivi hizo lo que le dijeron y sacó la pose, entregándola.

"¿Pose eterna?" Nami cuestionó, su miedo momentáneamente olvidado.

"¿Nunca has oído hablar de ella? Supongo que podrías decir que es una versión permanente de una pose de tronco. Mientras que una pose de tronco siempre lleva a los barcos a la siguiente isla, una pose eterna nunca olvidará la energía magnética de la isla que está almacenada". en él. Lo que significa que siempre apuntará a esa isla sola. Y esta está configurada para Arabasta ". Igaram explicó, ahuecando la Pose Eterna que Vivi le había dado, la palabra Arabasta grabada en la parte superior.

"¿Vas a usar esto para ir a Arabasta?" Preguntó Vivi, mirando a Igaram.

"Vivi-sama. Por favor, tome la ruta indirecta de salto de isla a Arabasta. Yo no he tomado el camino, pero solo deberían ser dos o tres islas si sigue el Tronco." Mientras Igaram y Vivi hablaban, los sombreros de paja observaban en silencio, sin interrumpirlos a los dos.

"Por favor, cuida bien a la princesa." Preguntó Igaram, Luffy asintió con la cabeza. Él ya dijo que lo haría, y planeaba cumplir su palabra.

"Igaram ..." Mirando a Vivi mientras hablaba, el hombre vio que la princesa parecía estar conteniendo las lágrimas.

"Supongo que será un viaje duro. Tenga cuidado en su camino". Dijo en lugar de consolarla.

"¡Iga-!" Vivi se detuvo, otra rápida mezcla de emociones fluyó a través de ella mientras luchaba contra la tristeza. En cambio, puso una sonrisa, extendiendo una mano que Igaram agarró sin cuestionar.

"¡Tú también!" Con eso, el hombre abordó su barco, maniquíes a su lado mientras el resto se quedaba atrás y miraba. Por una vez, el miedo en Nami se fue mientras miraba con una sonrisa que el resto compartía.

"¡Ahí va! ¡Era un viejo divertido, hasta el final!" Luffy dijo alegremente, feliz de que Igaram no hubiera resultado ser un tipo tan malo como su primera impresión lo había hecho parecer.

"Realmente es confiable". Vivi asintió, volviéndose para ver cómo el barco se alejaba cada vez más. Estaban a punto de partir, el barco a lo lejos, cuando Luffy sintió un pico en la oscuridad que hizo que se le erizara la piel. Antes de que pudiera advertir a nadie, hubo una fuerte explosión que iluminó el cielo, una ráfaga de calor pasó a su lado.

"¡No!" Nami gritó, las sonrisas de todos se fueron mientras veían la nave de Igarams explotar justo en frente de ellos.

"¡Eso es imposible! ¡¿Ya están detrás de nosotros ?!" Vivi preguntó con incredulidad. Luffy se puso el sombrero en la cabeza ya que se le había caído durante la explosión y frunció el ceño. Podía sentir que Igaram todavía estaba vivo, pero no había nada que pudieran hacer en este momento para ir a ayudarlo, no cuando había alguien con la oscuridad cerca, claramente listo para lastimar, o incluso matar, si era necesario.

"Nami, ¿qué dice el registro?" Preguntó Zoro, con un aire de frenético aumento ante el nuevo peligro.

"¡Estamos bien! ¡Está almacenado!" Ella volvió a llamar, comprobando la pose para estar segura.

¡Tráela con nosotros! ¡Zarpamos! Dijo Zoro, refiriéndose a Vivi que todavía estaba inmóvil al borde del agua, mirando la explosión que aún no se había apagado.

"¡Vivi! ¡Vivi!" Nami llamó, corriendo hacia la mujer.

"¡Deprisa! ¡Si nos encuentran, será en vano!" Nami dijo, tratando de razonar con la princesa. Sin embargo, cuando se paró a su lado y vio su rostro, vio que Vivi se estaba mordiendo el labio con tanta fuerza que estaba empezando a sangrar. A pesar de que tenían que darse prisa, Nami no pudo evitar abrazar a la mujer, tratando de consolarla lo mejor que pudo dadas las circunstancias.

"¡No te preocupes! ¡Te llevaremos allí! Sé que no lo parecen ..." comenzó Nami, sintiendo las lágrimas de Vivi cayendo sobre su hombro.

"Luffy, ¿dónde están Sanji y Usopp?" Zoro llamó desde la distancia, él y el Capitán salieron corriendo.

"¡Los traje al Merry! ¡Todavía estaban durmiendo!" Luffy volvió a llamar.

"¡Despertémoslos y prepárense para zarpar!" Zoro dijo, Luffy asintió con la cabeza.

"¡Solo ellos cuatro! ¡¿Obras barrocas ?! ¡¿Cocodrilo ?! ¡Ja! ¡Los siete señores de la guerra no son nada en absoluto!" Nami dijo con una sonrisa a pesar de que estaba sudando nerviosamente. A pesar de que solo unos momentos antes había estado preocupada por su vida, Nami sabía que ahora mismo necesitaban que Vivi confiara en ellos y volviera al Merry.

Con la comodidad de Nami, Vivi finalmente asintió, las dos mujeres se volvieron para seguir a Zoro y Luffy. Los dos muchachos tenían una ventaja, y debido a eso, Nami y Vivi tuvieron que correr tan rápido como pudieron para alcanzarlos. Nami, bien versada en el arte de huir, era más rápida que Vivi, lo cual notó rápidamente.

"¡Date prisa, Vivi!" Ella volvió a llamar, la princesa haciendo todo lo posible por ponerse al día.

"¡R-correcto!" Vivi respondió, mirando a su alrededor mientras corría.

A estas alturas, Zoro y Luffy habían llegado al Merry, Zoro levantando el ancla mientras Luffy intentaba despertar a Sanji y Usopp.

"¡Todavía están durmiendo!" Luffy llamó a Zoro.

"¡Déjalos entonces!" Zoro respondió, notando que Vivi y Nami finalmente se estaban poniendo al día.

"¡No puedo dejarlo!" Vivi le dijo a Nami que estaba tratando de llevarla a bordo.

"¡Oye! ¿Cuál es el problema?" Preguntó Zoro, preguntándose si los dos sabían la situación en la que se encontraban.

"¡Dice que falta su pato!" Nami llamó, claramente al final de su paciencia.

"¡No vendrá cuando le silbe!" Dijo Vivi. Zoro se volvió lentamente para mirar al pato sentado a su lado, el espadachín cruzando los brazos sobre el pecho.

"¿Este es él?" Preguntó con voz inexpresiva, el pato levantando un ala a modo de saludo.

"¡¿Estas ahí?!"

"Él estuvo aquí incluso antes que yo". Nami y Vivi gritaron irritadas. Al ver que todos estaban aquí, Vivi y Nami comenzaron a subir la escalera de cuerda para subir al Merry, sin nada que los detuviera ahora.

"¡Hay un afluente río arriba! ¡Podemos usarlo para salir al mar un poco más rápido!" Vivi llamó a Nami mientras el navegante se apresuraba a subir a cubierta.

"¡Esta bien vamos!" Nami llamó cuando todo estuvo listo. Ante sus palabras, Zoro y Luffy pusieron las velas, dejando que Nami se encargara del resto.

"Oye." Vivi se sorprendió al escuchar la voz de Zoro, saltando mientras se volvía para mirarlo.

"Sr. Bushido ..." dijo la princesa, volviéndose su pato para mirar también al espadachín.

"¿Cuántas personas nos perseguirán?" Preguntó Zoro, queriendo saber para el futuro.

"No lo sé. Hay unas 2.000 personas en Baroque Works, y he oído que hay varias ciudades como bases como esta cerca". Vivi les informó. Al escuchar esto, Nami se inclinó sobre la barandilla del piso superior, preocupada en su rostro.

"¡¿Realmente podrían enviar 1,000 personas ?!" Nami preguntó con incredulidad. Desde el mástil, Usopp y Sanji asomaron la cabeza hacia arriba, frotándolos aturdidos.

"¿H-huh?" Murmuró Sanji, mirando a su alrededor.

"¡¿Los barcos parten ?!" Preguntó Usopp, parpadeando confundido.

"Finalmente despierto, ya veo", dijo Nami en un tono aburrido, molesta de que hubieran logrado dormir durante todo el asunto.

"¡Espera! ¡Quedémonos una noche más!" Sanji gritó, él y Usopp corrieron hacia la barandilla para mirar la ciudad que se hacía más pequeña en la distancia.

"¡Sí!" Usopp gritó de acuerdo.

"¡Esta ciudad es genial! ¡Y las chicas son lindas!" Sanji continuó.

"¡No se sabe cuándo volveremos a divertirnos tanto!" Añadió Usopp.

"¡Vamos a tomarlo con calma! ¡Somos piratas!"

"¡Además, aún no es de mañana!"

"Tienen algo de descaro. Ni siquiera saben nada ..." murmuró Zoro molesto.

"¡Oye! ¡Explícales!" Zoro llamó a Nami que se acercaba a ellos. Cuando los alcanzó, golpeó a los dos en la cabeza para callarlos mientras Luffy miraba, sin decir nada.

"¡Sí! ¡Lo acabo de hacer!" Nami respondió con una sonrisa.

"Eso fue rápido ..." dijo Zoro, sin haberla visto golpearlos.

"Sí, dejé fuera las partes complicadas. Deberíamos poder salir de la isla pronto". Dijo Nami, mirando a su alrededor para asegurarse de que iban en el camino correcto.

"¡Genial! ¡Ahora hay niebla!" Luffy llamó, mirando a su alrededor también para ver la espesa capa de niebla que los cubría.

"Es casi de mañana ..." señaló Zoro. Al darse cuenta de que estaban a punto de escapar, Vivi y Karoo fueron a unirse a Nami y Luffy en la cubierta superior, todos ellos mirando la niebla frente a ellos.

A pesar de que todos estaban distraídos mirando la niebla, eso no impidió que Luffy se percatara de la oscuridad detrás de ellos. Fue lo mismo que antes cuando la nave de Igaram explotó, y por eso, Luffy estaba aún más nervioso cuando se volvió para ver quién era. Los que estaban con él notaron su tensión repentina, preguntándose qué estaba pasando, solo para ver lo que Luffy había sentido.

Sentada en la barandilla había una mujer de cabello negro y un sombrero de vaquera morado que combinaba con su atuendo morado. Al ver que la notaron, la mujer sonrió, con la barbilla en las manos mientras se tocaba la mejilla con los dedos.

"Este es un buen barco". Les dijo con calma. A Luffy ya no le agradaba por la oscuridad que podía sentir en ella, pero mirándola más de cerca, pudo ver que su aura era negra también, aunque había algo extraño en eso que no podía precisar. No era el aura más negra que había visto en su vida, pero había algo en sus bordes que parecía estar mal, algo que no estaba bien. Al ver que no era capaz de entenderlo en ese momento, Luffy dejó la idea en un segundo plano a favor de lo que estaba sucediendo, pero de todos modos vigilaba de cerca al recién llegado.

"¡¿Quién eres tú?!" Preguntó Zoro, moviendo la mano hacia sus espadas instintivamente.

"¡T-eres ...!" Vivi tartamudeó, incapaz de hablar con claridad. Al darse cuenta de esto, la sonrisa de la mujer se amplió e inclinó la cabeza aún más en su mano.

"Me encontré con el Sr. 8 hace poco, señorita Wednesday". Dijo, mostrando sus dientes ahora mientras sonreía.

"¡Mataste a Igaram!" Vivi casi gruñó. Luffy no la corrigió, decidiendo que lo haría más tarde, y decidió dirigirse a esta nueva persona él mismo. No quería tener nada que ver con ella, y si tenían que pelear, estaba bien para él, siempre y cuando ella saliera de su barco.

"¿Quién eres? ¿Qué estás haciendo en este barco?" Luffy preguntó con una mirada peligrosa.

"¡¿Qué está haciendo aquí, señorita All Sunday ?!" Preguntó Vivi, revelando que la mujer era parte de Baroque Works.

"¡¿Señorita All Sunday ?! ¡¿Con qué número es su compañera ?!" Nami preguntó con miedo.

"Ella es la compañera del Sr. 0 ... ¡el jefe!" Vivi les dijo, su voz baja y seria.

"¡¿El bo- cocodrilo ?! ", chilló Nami.

"Ella era la única que conocía la identidad del jefe. ¡Descubrimos quién es siguiéndola!" Dijo Vivi, volviéndose para mirar a la señorita All Sunday.

"Más exactamente ... te permití que me siguieras." Miss All Sunday dijo, Luffy sintiendo que estaba diciendo la verdad.

"¡Lo sé! ¡Tú también eres quien le dijo que descubrimos su identidad, verdad ?!" Vivi gritó, con los puños apretados a los costados.

"Eso es correcto." Miss All Sunday confirmada.

"¡¿Qué es exactamente lo que estás tratando de hacer ?!" Vivi exigió saber.

"Buena pregunta. Estaban todos tan atentos y serios que me encontré ayudando. La idea de una princesa haciendo todo lo posible por salvar su reino mientras se convierte en enemiga de Baroque Works ... Era tan ridículo, ya ves. .. "Dijo, su postura y expresión nunca cambiaban mientras hablaba.

"¡No te burles de nosotros!" Vivi gritó enojada cuando la tripulación se movió de inmediato. Sanji y Usopp, que finalmente se habían despertado del golpe de Namis, sacaron armas; Usopp apuntó su honda a la mujer mientras Sanji le apuntaba con una pistola a la cabeza. Zoro sacó su espada y Nami su bastón bo, pero Luffy no se movió, todavía listo para cualquier cosa. Podía sentir la tranquila confianza en Miss All Sunday, diciéndole que ella era lo suficientemente fuerte como para sentir que podía tomarlos todos fácilmente, o que tenía algo más bajo la manga. Fuera lo que fuese, Luffy no iba a hacer nada hasta que supiera más, sobre todo teniendo en cuenta que esta mujer tenía malos sentimientos y mal color.

"¡Oye! ¡Sanji! ¡¿Te das cuenta de lo que estás haciendo ?!" Preguntó Usopp mientras tiraba de la honda de su honda hacia atrás, manteniéndola allí.

"No, en realidad no. Solo sentí que mi amada señorita Wednesday estaba en peligro ..." admitió Sanji. Por una vez, la señorita All Sunday frunció el ceño, aunque todavía estaba tranquila sobre la situación en la que se encontraba mientras cerraba los ojos.

"Le agradecería que no me apuntara con objetos tan peligrosos." Ella dijo, y tan rápido como todos sacaron sus armas, fueron desarmados. El bastón de Namis bo fue golpeado fuera de sus manos mientras Usopp y Sanji fueron arrojados lejos de ella.

"¡No querrás decir-!" Zoro comenzó con los ojos muy abiertos.

"Un diablo-" Vivi fue interrumpida cuando la espada de Zoro también se le cayó de las manos a pesar de que no había nadie allí para hacerlo.

"¡¿Una fruta del diablo ?!" Preguntó el espadachín.

"¡¿Cuál ?! ¡¿Cuál es su poder ?!" Vivi preguntó desesperadamente, viendo como Usopp y Sanji aterrizaban cerca.

"Ow ... ¡Uwah! ¡Al mirar más de cerca, en realidad eres una hermosa dama!" Dijo Sanji, sus ojos se volvieron corazones inmediatamente mientras miraba a la señorita All Sunday.

"Ahora, ahora. No te apresures. No he recibido ninguna orden. No tengo ninguna razón para pelear". Dijo ella honestamente. Sin embargo, mientras ella decía esto, Luffy sintió que el sombrero de paja en su cabeza volaba, viendo como volaba hacia la mano que esperaba de la mujer. Lo hizo girar, mirando a Luffy ahora mientras lo hacía.

"Así que eres el infame 11097, el Capitán sombrero de paja del que tanto he oído hablar ... Monkey D. Luffy". Había un sentimiento extraño en la mujer ahora, como si estuviera interesada a pesar de que su apariencia exterior sugiriera lo contrario. Sin embargo, Luffy solo se sintió tenso, su ira crecía por el hecho de que esta mujer de colores oscuros y sentimientos acababa de robarle el sombrero, algo que era extremadamente precioso para él.

"Devuélveme mi sombrero", exigió Luffy, su voz tranquila y baja, pero amenazante. Su rostro solo respaldaba el tono de voz mientras miraba peligrosamente a la señorita All Sunday. La tensión era palpable para la tripulación mientras miraban entre Luffy y Miss All Sunday. No era frecuente que vieran a Luffy más que feliz, así que para él estar tan enojado era un poco discordante.

La señorita All Sunday permaneció en silencio un momento, todo lo que tenía lista para decir desapareció mientras miraba a Luffy a los ojos. A pesar de que su expresión permanecía sin cambios, Luffy podía sentir que sus emociones cambiaban. De repente se sintió mucho más cautelosa que antes, y tal vez incluso un poco nerviosa.

"Vaya, qué tono de enojo. ¿Asumo que esto es importante para ti entonces?" Preguntó, sonriendo a pesar de sus sentimientos internos mientras se ponía el sombrero encima del suyo.

"Qué mala suerte tienes ..." comenzó, sus palabras sonaban como si hubiera un significado detrás de ellas que no entendían. Miró a Luffy a los ojos por otro minuto antes de arrojarle el sombrero de paja, el Capitán lo agarró fácilmente y se lo puso en la cabeza.

"Ustedes, las personas que recogieron a una princesa, Baroque Works está dispuesta a matar ... Y una princesa protegida por un simple puñado de piratas ... Pero lo que es aún más desafortunado es el curso que indica su Log Pose". Miss All Sunday comenzó, su sonrisa volviendo tan amplia como siempre. Nami comprobó su Pose del Tronco con preocupación, preguntándose qué tenía de malo su destino.

"El nombre de la próxima isla es ... Little Garden. Ni siquiera necesitamos hacer nada, serás aniquilado mucho antes de que puedas llegar a Arabasta". Les dijo con confianza, sus ojos escudriñándolos a todos.

"No lo haremos", le dijo Luffy con calma, pero tan seguro como ella lo había estado.

"Hm. Quizás no. El destino favorece una D después de todo. Sin embargo, el destino no parece favorecerle tanto a usted ya sus hermanos, ¿verdad?" Preguntó, haciendo que Luffy se erizara, su corazón latía más rápido.

"¿Que se supone que significa eso?" Su tono era tan peligroso como lo había sido cuando exigió que le devolviera el sombrero. Nami y Usopp tragaron saliva nerviosamente mientras avanzaba la conversación, todos sabiendo que el pasado de Luffy no era algo de lo que el adolescente disfrutara hablar. Zoro compartió esa preocupación, observando a Luffy ya la mujer con atención, pero sin decir nada, mientras Sanji seguía boquiabierto ante la belleza de Miss All Sundays. Vivi, que era nueva en la tripulación, no tenía idea de cuál era el significado de las palabras de la mujer, por lo que escuchó perdida en confusión.

"¿Quedar atrapado en un lugar como las instalaciones? Seguramente no fue la suerte de un D lo que permitió que eso sucediera". Miss All Sunday respondió.

"¿Y qué sabes de las instalaciones?" Preguntó Luffy, tratando de mantener la calma pero sintiendo que su autocontrol se desvanecía cada vez más rápido.

"Más de lo que se supone que debería. Parece que más que tu propia tripulación. En cualquier caso, tal vez fue la misma suerte de una D la que te ayudó a ti ya tus hermanos a salir. Los primeros niños en escapar de una instalación". Dijo, parándose finalmente y volviéndose hacia el océano.

"Quizás Little Garden sea pacífico en comparación con un lugar como las instalaciones. Si sobrevives ... volvamos a encontrarnos". La señorita All Sunday terminó, volviéndose para mirarlos por encima del hombro.

"No, no lo creo", le dijo Luffy, sin querer volver a ver a esta mujer nunca más. Ella asintió con la cabeza ante sus palabras, todavía sonriendo, antes de saltar por encima de la barandilla.

"¡Vamos, Bunchi!" Dijo mientras aterrizaba encima de una gran tortuga al lado del Merry.

"¡¿Q-qué es eso ?!" Preguntó Zoro mientras él y Usopp iban a mirar por encima de la barandilla.

"¡No me digas que es un rey del mar!" Usopp gritó con miedo.

"¡No! ¡Una tortuga!" Usopp se dio cuenta, mirándolo nadar lentamente alejándose de ellos. Sin embargo, Luffy aún no se había movido, todavía mirando el lugar donde la señorita All Sunday había estado sentada, su mente corriendo con miles de pensamientos diferentes. Detrás de él, Nami miraba preocupada, notando que aún no se había movido.

"¿Luffy?" Preguntó con cautela, no queriendo que él la atacara. Cuando todavía no respondió, todos los demás se volvieron a mirar también.

"No me agrada. No es una buena persona". Dijo finalmente Luffy, su voz todavía dura y baja. Todos se quedaron en silencio, sin saber cómo responder a eso, pero luego Usopp habló nerviosamente al lado de Zoro.

"Oye, eh, ¿alguien puede explicar qué está pasando?".

Capítulo 2

A medida que pasaba el tiempo, Luffy fue capaz de superar lentamente la conmoción que había sufrido Miss All Sunday. Nadie lo había molestado durante este tiempo, todos no sabían exactamente lo que podían decirle en ese momento. Todavía no tenían idea de qué era la instalación , por lo que no tenían idea de la importancia de que Miss All Sunday lo supiera.

Mientras Luffy procesaba todo esto, se sentó en el mascarón de proa de Merry mientras la tripulación se ocupaba de sus asuntos. Usopp y Sanji estaban al tanto de todo lo que había sucedido mientras dormían, los dos finalmente entendieron que iban a llevar a Vivi, una princesa, a Arabasta, su reino. También descubrieron que Crocodile estaba a la cabeza de Baroque Works y estaban en la lista de blancos de la organización.

Después de eso, entró en juego su rutina normal. Sanji fue a prepararles a todos algunos bocadillos ya que el desayuno había ido y venido sin que nadie comiera y Nami, Vivi y Karoo se unieron a él, sentándose a la mesa mientras él trabajaba. Vivi le contó a Nami sobre las aguas circundantes y lo que podían esperar mientras fuera, Usopp miraba a través de su telescopio, preguntándose qué tipo de isla sería Little Garden. Zoro estaba durmiendo contra la barandilla, cansado después de todo lo que habían pasado hasta ahora con tan poco sueño.

En la parte delantera del barco, Luffy descubrió que sentarse solo en el mascarón de proa de Merry era tan relajante como siempre. La calma del océano a su alrededor ayudó a aliviar su tensión mientras trabajaba en todo lo que la señorita All Sunday había dicho. Era obvio que conocía las instalaciones y tal vez incluso lo que sucedía en ellas. Sin embargo, Luffy no sabía cómo conocía esta información. ¿Trabajó en instalaciones? ¿Era enfermera o médico? ¿O trabajaba para el gobierno? ¿De qué otra manera sabría ella acerca de los horribles edificios?

Diferentes escenarios pasaron por la cabeza de Luffy, pero no estaba más cerca de ninguna respuesta como lo había estado cuando había comenzado. Debido a esto, y también porque olió a Sanji terminando de cocinar, Luffy saltó del mascarón y comenzó a dirigirse a la cocina.

Al entrar vio que Usopp y Zoro se habían unido al grupo, todos ellos sentados a la mesa mientras Sanji servía los bocadillos. Nami tenía un papel en la mano, las noticias probablemente ya habían llegado.

"En cualquier caso, no puedo creer que entreguen el periódico de la mañana a la hora de la merienda ..." dijo Nami, sosteniendo el periódico frente a su cara y sin notar la entrada de Luffy.

"Eso no puede evitarse ya que estamos viajando por Grand Line", dijo Zoro mientras comía.

"Deberíamos sentirnos afortunados de que todavía podamos recibir la noticia", dijo Vivi mientras alimentaba a Karoo de su mano.

"Supongo que tienes razón. Oh, hola Luffy." Saludó Nami, llamando la atención de todos hacia el Capitán.

"¡Comida!" Luffy dijo felizmente, viendo el plato destinado a él en el lugar vacío de la mesa.

"Por supuesto que lo primero que quieres es comida", dijo Nami con un suspiro y poniendo los ojos en blanco, la preocupación que había tenido al verlo desvanecerse. Volvió su atención a las noticias mientras todos comenzaban a comer, su preocupación por Luffy se fue al verlo comer con el mismo fervor de siempre.

Mientras Nami hojeaba las páginas de noticias, sintió que se ponía rígida al ver uno de los artículos. Luffy la miró cuando notó el cambio en sus emociones, la preocupación, la ansiedad y el miedo, pero antes de que pudiera cuestionarlo, Vivi se le adelantó.

"¿Algo te llamó la atención?" Preguntó la princesa, volviéndose para mirar a Nami con una sonrisa. No había notado la tensión en el navegador, por lo que Nami pudo sonreír rápidamente, pasando las páginas lejos de lo que acababa de ver.

"¿Qué? Ah, no, en realidad no ..." Dijo la mujer de cabello naranja, escaneando las noticias de nuevo para evitar que Vivi hiciera más preguntas. Luffy notó que Nami definitivamente había visto algo, y cuando fue a interrogarla él mismo, vio algo en las noticias que llamó su atención.

"¡Ah!" Dijo Luffy, inclinándose sobre la mesa para ver mejor el papel.

"¿Q-qué es?" Preguntó Nami, saltando ante lo repentino de que Luffy estuviera tan cerca.

"¡Aquí! ¡Zoro, mira!" Dijo Luffy, señalando la imagen que estaba mirando. A su lado, Zoro levantó la vista de su bebida confundido.

"¿Qué? Esto es solo una foto de la Marina." Dijo Nami, sin entender por qué Luffy estaba tan feliz de verlo. Por lo general, a Luffy no le gustaba nada relacionado con los marines, entonces, ¿por qué estaba tan sonriente con la foto?

"Sí, pero el chico de esta foto no es cualquiera", dijo Luffy, Zoro se inclinó a su lado para verlo bien también.

"¿Hm? ¡Oye, es Coby!" Zoro se dio cuenta, al ver que en la imagen, Coby y Helmeppo se abrazaban con miedo al lado de un grupo de marines que parecían estar manejando una tormenta.

"¡¿Ver?!" Preguntó Luffy, Nami viendo a los dos ahora también.

"¿Coby ...? ¿De quién es?" Preguntó ella, sin haber escuchado el nombre mencionado antes. Al principio, habría pensado que era una de las muchas personas que Luffy parecía conocer de los Barbablanca, pero Zoro parecía conocer a esta persona también.

"¡Es un amigo nuestro! Entonces, ¿qué dice?" Luffy preguntó con entusiasmo, queriendo saber más sobre lo que estaba haciendo.

"¿Qué dice? Veamos ... 'El buque de guerra del Vicealmirante Garp ha llegado al Cuartel General de la Marina. La foto fue tomada justo después de que cruzaran la Montaña Inversa. Tal como se esperaba, el Vicealmirante Garp tenía una mirada relajada e imponente; sin embargo, había algunos infantes de marina jóvenes cuyos rostros se congelaron de miedo '". Nami leyó en voz alta para que todos lo escucharan.

"Woah ... entonces Coby ha entrado en el paraíso", dijo Luffy con nostalgia. No solo se le había unido su amigo, sino que también estaba con Garp, su abuelo. Ese pensamiento hizo que Luffy se estremeciera de miedo.

"Decía Cuartel General de la Marina. No está tan mal". Zoro dijo a su lado.

"No importa lo que digan, ¡se convertirá en alcalde de la Marina!" Luffy dijo con firmeza, confundiendo a todos los que escuchaban.

"¿Por qué querría ser alcalde? ¡Oficial! ¡ Un oficial de la Marina ! ", Corrigió Zoro.

"Sí, ese es el indicado", dijo Luffy, ignorando el error.

El resto del día siguiente pasó con relativa facilidad. Las aguas no estaban más agitadas de lo habitual y, a pesar del comienzo difícil, nadie apareció para atacarlas. La noche llegó y se fue con todos descansando bien, y cuando el sol volvió a salir, Nami les dijo que deberían llegar a Little Garden durante el día, según el conocimiento de Vivi sobre las aguas circundantes.

Emocionado como siempre por la perspectiva de una nueva isla, Luffy se sentó en la cubierta, Zoro se sentó contra la barandilla en la que Luffy estaba encaramado mientras Vivi miraba cerca.

"Me pregunto si va a nevar más", dijo Luffy. Siempre disfrutó de la nieve, por lo que que volviera a suceder sería una distracción bienvenida después de todas las noticias angustiosas que había recibido en el lapso de menos de una semana.

"No hay manera de que lo haga". Replicó Zoro.

"También lo hace. No lo sabes desde que te dormiste la última vez." Luffy le dijo al espadachín, refiriéndose a cuando se dirigían a Whiskey Peak. Sin embargo, Zoro no tenía idea de este evento, solo le dio a Luffy una mirada de confusión. Al ver que el espadachín no iba a ser de ninguna ayuda, Luffy se volvió para mirar a Vivi.

"Oye, ¿crees que volverá a nevar?" Le preguntó a ella.

"Podría nevar, pero el mar en el que estábamos primero es especial ... ya que las siete fuerzas magnéticas de la Montaña Inversa lo estropean todo. Sin embargo, eso no significa que puedas relajarte aquí. Sería raro que este mar sé salvaje como el primer viaje, pero es cierto que este mar es mucho más difícil que los normales. Nunca subestimes este mar. Esa es la regla de hierro ". Vivi les dijo, acercándose también a la barandilla para mirar el agua debajo.

"¡Hey, chicos! ¿Quieren tomar mi bebida especial?" Sanji preguntó desde donde salía de la cocina, con una fuente llena de bebidas en la mano.

"¡Sí!" Luffy vitoreó mientras saltaba de la barandilla y se dirigía hacia Sanji. Zoro también se levantó para unirse, e incluso Karoo cargó.

"¡Gracias!" Luffy, Usopp y Zoro dijeron mientras cada uno tomaba uno, sentados en círculo.

"Dime, Usopp. Hazme un aparejo de pesca." Luffy le dijo al hombre de nariz larga.

"¿Pescar, eh? ¡Es una buena idea!" Zoro estuvo de acuerdo.

"Está bien. Entonces te haré una caña de pescar artística." Usopp dijo riendo, levantando su copa en el aire. Junto a ellos, Karoo sacó la pajita de su propia bebida, tratando de sorberla pero levantándola demasiado hasta el punto de que todo lo que bebía era aire.

"Oye, es así", dijo Sanji, agarrando la pajita y volviéndola a poner en el líquido para el pato que se lo bebió todo de un trago. El grupo de cuatro lo observó con asombro mientras hacía esto.

"Wow, seguro que puedes beber. Oye, ¿es bueno?" Sanji preguntó con una sonrisa. Cuando Karoo hizo un ruido que parecía ser un acuerdo, Sanji cambió el vaso vacío por uno nuevo lleno, que Karoo bebió con la misma rapidez. Este proceso continuó una y otra vez, todos ellos observando al pato de cerca.

"¡Fantástico!" Luffy dijo mientras miraba.

"¡Attaboy! ¡Vamos, vamos, vamos, vamos ...!" Usopp vitoreó. Finalmente, Karoo bebió demasiado y se detuvo, cayendo de espaldas inconsciente mientras todos los demás reían. Desde el piso superior donde Vivi, y ahora Nami, estaban parados, Luffy sintió que los dos estaban tan divertidos como ellos. Vivi se había sentido un poco frustrada antes, pero como era habitual en el Going Merry, esa tensión se convirtió rápidamente en felicidad.

Con Karoo, su entretenimiento anterior, desaparecido, todos se acercaron a la barandilla para mirar el océano. Sanji fue el primero en notar que en la distancia había un delfín, que señaló a todos los demás.

"¡Oigan todos, miren! ¡Es un delfín!" Gritó, todos volviéndose para mirar hacia donde miraba. Ellos también lo vieron rápidamente, todos siguen sonriendo.

"¡Woah! ¡Es lindo!" Nami dijo, Vivi asintiendo con la cabeza a su lado. Mientras miraban, el delfín saltó fuera del agua de nuevo, muy alto en el aire.

Y se elevaba sobre su barco.

El delfín era tan grande que proyectaba una sombra sobre todo Going Merry mientras saltaba sobre ellos.

"¡Es enorme!" Luffy gritó, todavía sonriendo mientras las sonrisas de todos los demás se convirtieron en miradas de miedo. Sin embargo, no tenían que preocuparse cuando el delfín saltó con gracia sobre ellos y se metió en el agua del otro lado.

Sin embargo, tenían que preocuparse cuando las olas del delfín eran tan grandes como la propia criatura.

"¡Sal de aquí!" Nami llamó, todos inmediatamente se pusieron en acción. Usopp trepó por el aparejo hasta las velas mientras Sanji corría hacia el cuaderno de ruta.

"¡Desplegar completamente las velas!" Luffy llamó a Usopp quien hizo precisamente eso. Vivi solo pudo observar en un silencio atónito mientras la tripulación trabajaba junta para evitar zozobrar. Mientras todo esto sucedía, el delfín saltó fuera del agua nuevamente.

"¡Está bien! ¡Súbete a la ola y sacúdelo de encima!" Llamó Luffy, todavía sonriendo alegremente cuando el delfín aterrizó justo detrás de ellos, dándole al Merry un impulso por la gran ola que hizo.

"¡Nami! ¿Qué dirección debe tomar el barco?" Luffy le preguntó al navegante.

"Espera un segundo. Déjame comprobar. ¡Gira a babor, lleno!" Ella respondió mientras miraba la aguja en su pose de tronco. Sanji hizo precisamente eso, el barco giró como se le indicó y navegó sin problemas. Cuando toda la conmoción terminó y ya no estaban en riesgo, se dieron cuenta de que Little Garden ahora estaba a la vista, todos ellos moviéndose hacia la parte delantera del barco para tener una mejor vista.

"No hay error. Esa isla y la isla Cactus se están enfrentando. Nuestra próxima parada es ... ¡esa isla!" Nami les dijo, señalando la isla distante.

"¡Así que esa es la única! ¡Nuestra segunda isla en la Gran Tierra!" Dijo Luffy, subiéndose al mascarón de proa para mirar lo más de cerca que pudo.

No les tomó mucho más tiempo llegar a la isla. Vagaron por el borde de la misma, buscando un buen lugar para atracar mientras inspeccionaban lo que podían ver de la isla.

"¡Así que este es Little Garden!" Dijo Luffy, contemplando los árboles y el follaje altos e imponentes.

"¿Qué tiene de 'pequeño' ?" Preguntó Zoro.

"Este lugar no encaja del todo con su lindo nombre". Nami lo notó.

"Ahh ... Es como una terra incógnita. ¡Es una jungla espesa!" Usopp dijo con miedo, alejándose de la isla tanto como pudo.

"Tenemos que tener cuidado. Estoy preocupado por lo que decía la señorita All Sunday". Vivi dijo honestamente, mirando a Karoo con una mirada tan preocupada como dijo que estaba. Ante la mención de Miss All Sunday, Luffy frunció el ceño pero no quería que la idea de esa mujer arruinara la emoción de una nueva isla.

"¡¿Aa-estás diciendo que puede aparecer un monstruo ?!" Preguntó Usopp, con los ojos desorbitados mientras sudaba con miedo.

"¿Quién sabe?" Dijo Vivi.

"¡Vayamos a nuestro próximo destino sin bajar a tierra en este!" Sugirió Usopp.

"Pero el registro no se puede guardar tan rápido", le dijo Nami, con las manos en la cadera mientras lo hacía.

"Además, tenemos que abastecernos de comida pronto. No obtuvimos nada en la última ciudad en la que estuvimos". Sanji les dijo.

"Hay una desembocadura de río allí", llamó Zoro, habiendo estado observando la isla con atención mientras todos los demás hablaban.

"¿Lo que realmente?" Preguntó Sanji, él y Nami se movieron para unirse a Zoro en la barandilla para ver. Usopp se acercó mucho más a regañadientes, y una vez que determinaron que el río era perfecto para ir tierra adentro, Nami les ordenó que lo siguieran.

"Espero que haya un restaurante de barbacoa aquí", dijo Luffy, babeando ante la idea.

"¡Como si hubiera uno!" Dijo Sanji.

"Pero dijiste que íbamos a abastecernos de comida", dijo Luffy, preguntándose si Sanji sabía de dónde venía la comida.

"¡Recogeremos comida para cocinar más tarde! Caray, ¿en qué estás pensando?" Preguntó el chef con un movimiento de cabeza.

"Pero es peligroso ir a tierra. Para empezar, basta con echar un vistazo a las plantas aquí. Nunca he visto nada parecido, ni siquiera en las enciclopedias". Nami dijo, señalando la orilla del río donde había diferentes plantas alineadas a lo largo de él. Antes de que nadie más pudiera responder, hubo un fuerte chillido que hizo que Usopp y Nami se taparan los oídos.

"¡Que lindo!" Sanji arrulló mientras miraba a Nami.

"¿Te refieres a mí?" Preguntó Usopp, volviéndose para mirar a Sanji con una sonrisa.

"¡Obviamente me refiero a Nami-san!" Sanji respondió con disgusto.

"¿Qué fue lo que acabo de escuchar?" Preguntó Nami, ignorando a los dos.

"Está bien. Es solo un pájaro. Y esto es solo una jungla. No se preocupe". Sanji dijo con una sonrisa, señalando detrás de él. Sin que él lo supiera, había un gran pájaro verde con garras afiladas que se lanzaba directamente hacia él. Sin embargo, Nami y Usopp vieron esto, los dos gritaron de miedo y huyeron, dejando atrás a un confundido Sanji.

"¿Qué pasa?" Preguntó, girándose justo a tiempo para ver al pájaro a solo centímetros de agarrarlo. Saliendo del camino, el pájaro descendió en picado justo donde habría estado antes de volar, con las manos vacías.

"¡¿Por qué fue eso, maldito pájaro ?!" Preguntó Sanji mientras se levantaba.

"Un lagarto ... me pregunto si sabe bien." Luffy dijo al lado de Sanji. Otro rugido detuvo la conversación nuevamente, solo asustó más a Nami y Usopp.

"¿Es ese un tipo de ruido que se escucha en cualquier jungla?" Preguntó Nami.

"¡Eso sonó como un volcán en erupción!" Gritó Usopp, sosteniendo su cabeza mientras sus piernas comenzaban a temblar. El movimiento de la jungla junto a ellos atrajo la atención de Usopp y Nami justo a tiempo para ver a un gran tigre localizarlos y rugir.

"¡¿Un tigre?!" Gritan al unísono.

"¡Es demasiado grande!" Usopp gritó, segundos después de un ataque al corazón en este punto. Él y Nami corrieron inmediatamente al otro lado del barco en un intento desesperado por escapar. Sin embargo, no importaba, porque en segundos el tigre estaba tosiendo sangre, cayendo al suelo muerto.

"¡¿Lo que pasó?!" Preguntó Nami, corriendo hacia atrás para ver.

"¡Esto no es normal! ¡Esto definitivamente no es normal! ¡¿Por qué un tigre, Rey de la Selva, cae cubierto de sangre ?!" Preguntó con una mezcla de frustración y miedo. Usopp pareció estar pensando mucho en esa pregunta por un momento antes de aparentemente tener una idea, levantando un dedo en el aire.

"¡Ah! ¡Se decidió que no iremos a tierra en esta isla!" Anunció en voz alta, temblando.

"Esperaremos en silencio en el barco hasta que el registro esté almacenado y ..." comenzó Nami en silencio.

"¡Derecha!" Usopp asintió débilmente.

"... Deja esta isla lo antes posible." Ella continuó.

"¡Derecha!" Usopp estuvo de acuerdo de nuevo.

"W ... Tenemos que ir a Arabasta rápidamente ..." Terminó.

Con el plan establecido, la tripulación atracó el barco un poco más adentro, Nami y Usopp no querían aterrizar tan cerca de donde había muerto un tigre gigante. Zoro arrojó el ancla mientras Luffy miraba la jungla con entusiasmo, con una amplia sonrisa.

"¡Sanji! ¡Hazme el almuerzo!" Dijo Luffy, sorprendiendo al chef.

"¿Almuerzo?" Preguntó.

"¡Sí! ¡Para reponer energía! ¡Un almuerzo pirata con mucha carne y sin verduras! ¡Puedo oler la aventura en el aire!" Dijo Luffy, su emoción tan clara en su voz como en su rostro. Al escuchar sus palabras, Nami corrió en un instante.

"¡E-espera un segundo! ¡¿A dónde vas ?!" Exigió saber, con las manos en las caderas.

"¡Aventuras!" Luffy dijo riendo, agitando los brazos.

"¿Quieres venir? ¡Aventura! ¡Aventura!" Luffy cantó mucho para el desdén de Nami, lágrimas brotando de sus ojos. Detrás de ella, Usopp estaba en un estado muy similar, mirando a Luffy con la mandíbula caída y las lágrimas cayendo rápidamente.

"¡Sanji! ¡Hazme el almuerzo!" Luffy dijo de nuevo, volviéndose para mirar al chef que se retiraba.

"Está bien. Espera un poco." Sanji dijo con una pequeña sonrisa propia.

"Dime, ¿puedo ir contigo?" Vivi preguntó de repente.

"¡¿Qué?!" Usopp chilló, aún más sorprendido al escuchar que la princesa quería ir a la peligrosa jungla.

"¡Claro! ¡Ven, ven!" Gritó Luffy.

"¡No, tu también!" Nami ladró, pero Vivi solo les sonrió, aparentemente no preocupada por la isla como ellos.

"Sí ... Si me quedo aquí sentado, puede que empiece a pensar en todo tipo de cosas. Saldré a distraerme de las cosas hasta que se guarde el Registro". Ella le dijo al navegante con sinceridad, ya pensando en su reino natal solo por la breve mención de pensar demasiado.

"¡De ninguna manera! ¡Puede que esté bien para Luffy, pero es demasiado peligroso para ti!" Nami gritó, pensando en el hecho de que se suponía que debían mantener a la princesa a salvo y fuera de peligro.

"Estaré bien ya que Karoo estará conmigo", dijo Vivi, mirando al pájaro que se dio cuenta de dónde lo estaban empujando. El pobre pato ni siquiera pudo dar una respuesta, su rostro adoptó una expresión de terror que coincidía con la de Nami y Usopp de antes.

"Sin embargo, está demasiado sorprendido para decir una palabra", señaló Nami.

"Entonces, haré un almuerzo de amor para Vivi-chan", dijo Sanji desde la puerta de la cocina.

"¿Podrías preparar algo de beber para Karoo?" Vivi llamó al chef sonriente.

"¡Por supuesto! ¡Por favor déjamelo a mí!" Sanji respondió antes de caminar hacia la cocina para ponerse a trabajar. Sanji no tardó mucho en preparar la comida necesaria que puso dentro de una mochila grande. Cuando terminó, cerró la bolsa y se la dio a Luffy, quien se la puso emocionado, listo para irse. Karoo también consiguió su nueva bebida, y cuando todos estuvieron listos, Sanji sonrió y se sacó el cigarrillo de la boca.

"Muy bien. Ahora estás listo. Dos almuerzos piratas y una bebida especial para Karoo." Al escuchar que no quedaba nada para detenerlos, Luffy saltó del barco a la jungla de abajo, seguido de Karoo con Vivi en su espalda.

"Bueno, ¡nos vemos luego!" Vivi llamó a Sanji, Usopp y Nami que los estaban viendo irse.

"¡Esta bien vamos!" Luffy vitoreó, corriendo hacia la densa jungla. Karoo lo siguió mientras Vivi seguía saludando a los del Merry.

"¡Volveremos en un rato!" La princesa los llamó.

Con eso, Karoo y Luffy comenzaron a correr rápidamente a través de la jungla, árboles y plantas que volaban a su lado mientras lo hacían. Luffy se reía a carcajadas todo el tiempo, pasando el mejor momento de su vida, mientras Vivi miraba a su alrededor con interés. Como Nami había dicho antes, las plantas aquí no se parecían en nada a lo que había visto antes y, a pesar del nombre, todo era bastante grande.

"¡UPS!" Vivi fue interrumpida por sus observaciones cuando Luffy patinó hasta detenerse, Karoo hizo lo mismo.

"¿Qué pasa?" Preguntó Vivi, mirando al joven Capitán que se estaba metiendo en el agua hasta los tobillos.

"¡Mira, mira esto! Hay un marisco como un calamar". Dijo Luffy, primero señalando al pez antes mencionado antes de sacarlo para mostrárselo a Vivi.

"¡Un marisco de calamar!" Decidió Luffy con una sonrisa.

"Se parece mucho a la amonita", señaló Vivi maravillada, acercándose para verla mejor.

"Es un marisco de calamar, ¿verdad?" Preguntó Luffy, pero justo cuando lo hizo, hubo un estruendo por todo el suelo seguido de un fuerte estruendo. La atención se apartó inmediatamente del misterioso marisco, Luffy corrió hacia el estruendoso ruido con Karoo siguiéndolo obedientemente detrás de él.

"¿Oh? ¿Qué hace un rey del mar en tierra?" Preguntó Luffy, mirando hacia arriba donde, asomándose por las copas de los árboles, había un animal con un cuello largo masticando las hojas de los árboles.

"¡Un dinosaurio!" Vivi gritó en estado de shock.

"¡¿Un dinosaurio?!" Preguntó Luffy, su entusiasmo contrastaba con la conmoción, así como con el miedo, que vivi estaba experimentando.

"¡Entonces, esta es una isla antigua!" Vivi exclamó.

"¿Eh?" Preguntó Luffy. Estaba confundido en cuanto a cómo había llegado a esa conclusión, incluso si estaba mirando a un dinosaurio.

"¡La tierra aquí está estancada en la época de los dinosaurios! Como no hubo intercambios entre islas en la Grand Line debido a las dificultades con los viajes por mar, cada una estableció su cultura única. Hay islas que tienen una cultura extremadamente sofisticada ... . y hay otros que permanecen en la misma forma sin progresar durante varios miles o decenas de miles de años ... El clima aleatorio en Grand Line lo hace posible. Es por eso que esta isla existe en la época de los dinosaurios ". Dijo Vivi. Sin embargo, apenas pudo sacar las últimas palabras de su boca cuando Luffy lanzó sus brazos hacia el dinosaurio de cuello largo.

"¡Increíble!" Luffy llamó mientras se lanzaba hacia el animal.

"¡Luffy!" Vivi gritó preocupada, solo para ver que el adolescente alcanzaba al dinosaurio y se aferraba a su cuello, sin que el gran animal se diera cuenta.

"¡No saltes sobre él!" Vivi chilló, a la vez enojada y preocupada.

"¡Woah! ¡Qué gran vista! ¡Quiero almorzar aquí!" Luffy dijo mientras se protegía los ojos del sol, mirando a toda la isla desde su posición en la parte superior de la cabeza del dinosaurio.

"¡Este no es momento para charlas ociosas!" Vivi lo llamó con una mezcla de preocupación y miedo.

"Ahh ... ¿oh? Así que realmente hay volcanes. Y también hay una montaña con enormes agujeros ..." dijo Luffy, ignorando a la princesa a favor de observar su entorno.

"¡Es peligroso! ¡Baja ya!" Vivi siguió gritando.

"¿Eh?" Preguntó Luffy, pareciendo finalmente darse cuenta de que Vivi había estado hablando con él todo este tiempo.

"¡Incluso si se porta bien, sigue siendo un dinosaurio!" Ella gritó, un poco de su ira se filtró ahora.

"¡Este tipo no es un problema! ¡Más importante aún, hay enormes agujeros allí! ¡Ese es un paisaje extraño!" Dijo Luffy, sonriendo ampliamente a pesar de la rareza que estaba mirando. Podía sentir las emociones silenciosas del dinosaurio sobre el que estaba parado y no había nada en ellos que gritara peligro. Se contentaba con dejar que Luffy se pusiera de cabeza mientras comía las hojas de las copas de los árboles.

"¡Olvídate del paisaje! ¡Solo baja!" Vivi llamó, intentando con impaciencia que Luffy dejara la cabeza de los dinosaurios gigantes.

"Dime, tengo un favor que pedirte. ¿Me llevarás allí?" Preguntó Luffy, estirando su cuerpo para poder colgarse del costado de la cabeza del dinosaurio. Se niveló para mirar directamente al ojo gigante del animal, pero aún así no le prestó atención.

"Oye, deja de ser tan malo y llévame allí", dijo Luffy con el ceño fruncido cuando el dinosaurio no se detuvo para hacer lo que le pedía.

"¡Por ese camino! ¡Por ese camino!" Luffy llamó, señalando en la dirección en la que quería dirigirse. Una vez más fue ignorado, pero esta vez, mientras el dinosaurio estiraba su cuello hacia adelante para agarrar algunas hojas más, Luffy envolvió sus brazos bajo su mandíbula.

"No de esta manera ... ¡Aquí! ¡Por aquí!" Corrigió el joven Capitán, volviendo con fuerza la cabeza del dinosaurio hacia un lado y haciéndolo estrangular.

"¡¿Quién haría algo así ?!" Vivi chilló de miedo desde donde estaba mirando. Habiéndose dado cuenta ahora de que estaba asfixiando al dinosaurio, Luffy soltó, sentándose y frotándose la cabeza.

"Oh ... lo siento. Pero, um ..." Antes de que Luffy pudiera pensar en algo más que decir, el movimiento a su alrededor le hizo ver que había muchos más dinosaurios del mismo tipo a su alrededor.

"¡Increíble!" Luffy llamó mientras se ponía de pie de nuevo, con estrellas en sus ojos.

"¡Luffy-san! ¡Como dije, es peligroso! ¡Baja ya!" Vivi lo intentó de nuevo, con la esperanza de que la aparición de más dinosaurios hiciera que Luffy se diera cuenta del peligro que corría. Sin embargo, parecía que tuvo el efecto contrario cuando Luffy miró a los dinosaurios más altos, sonriendo.

"Y esos dinosaurios son más altos, así que parece que tendré una mejor vista", dijo Luffy, mirando a un dinosaurio en particular que parecía ser el más alto.

"¡Ese no es el punto!" Vivi chilló, una vez más siendo ignorada cuando Luffy estiró su brazo hacia el dinosaurio más alto, arrojándose sobre su cabeza y mirando a su alrededor.

"Como pensaba, puedo ver mejor los agujeros". Su haki le advirtió del peligro inminente que hizo que Luffy frunciera el ceño. Todo lo que quería era ver mejor esos extraños agujeros, ¿por qué era tan difícil?

Al darse la vuelta, vio que otro dinosaurio de cuello largo se estiraba para alcanzarlo, con la mandíbula abierta y la ira en los ojos. Antes de que pudiera morderlo, Luffy saltó sobre su cabeza a continuación, pero uno tras otro los nuevos dinosaurios intentaron comérselo.

"¡Cuidado!" Vivi gritó con miedo, solo capaz de mirar con los ojos muy abiertos como dinosaurio tras dinosaurio se quedaban a centímetros de comerse a Luffy entero. Luffy no pareció sentir el peligro en el que se encontraba mientras sonreía ampliamente, saltando de cabeza a cabeza hasta que se deslizó por uno de los cuellos.

"¡Vivi! ¿Quieres venir aquí? ¡Es divertido!" Gritó, riendo cuando fue lanzado por la espalda de los dinosaurios. Volando en el cielo, agarró la cabeza de otro dinosaurio, parándose sobre ella como lo había hecho con los demás.

"¡La vista desde aquí es especialmente buena!" Luffy lo admiró. Hubo una pausa cuando nadie, dinosaurio, humano o pato, se movió. Sin embargo, se rompió cuando el dinosaurio en el que estaba Luffy inclinó la cabeza hacia arriba, lanzando a Luffy al aire nuevamente antes de que el adolescente aterrizara dentro de su boca.

"¡Ah! ¡Se lo han comido!" Vivi gritó. Mientras tanto, dentro de la boca del dinosaurio, Luffy miró a su alrededor con curiosidad.

"¿Eh? ¿Dónde estoy?" Preguntó, sin darse cuenta exactamente de lo que había sucedido. Mientras trataba de pararse, el suelo, que estaba húmedo y blando al ver que era una lengua, hizo que se resbalara, deslizándose por la garganta del dinosaurio. Estaba oscuro como boca de lobo cuando empezó a caer hasta que, de repente, no lo hizo, la luz brillaba al final. Sin ningún lugar a donde ir más que hacia abajo, Luffy se encontró de nuevo afuera y en la mano de un gigante.

"¿Eh?" Preguntó Luffy, mirando a su alrededor y viendo que el dinosaurio que se lo había tragado ahora estaba muerto, con el cuello cortado, lo que había permitido que Luffy se cayera. Al levantar la vista, vio que el gigante que lo sostenía se reía a carcajadas, sus emociones no eran más que alegres, lo que hizo que Luffy sonriera en respuesta.

"Estaba observando. Qué humano más vivo, lidiando con cuellos largos en esta jungla. Eres el primer invitado en mucho tiempo". Dijo el gigante, sonriendo ampliamente a Luffy.

"¡Eres enorme! ¡Incluso más grande que Pops!" Luffy dijo asombrado al ver el tamaño del gigante. Ante sus palabras, el gigante se rió de nuevo, levantando su espada para apoyarla sobre su hombro.

"¡Soy Dorry, el guerrero más fuerte de Elbaf!" Dorry dijo, riendo de nuevo. Luffy se encontró riendo, el estado de ánimo alegre del gigante aparentemente se ajustaba a su tamaño mientras se apoderaba del adolescente.

"¡G ... Gigante!" Vivi tartamudeó, cayendo de rodillas al lado de Karoo, quien también estaba en el suelo, aturdida.

"He oído hablar de ellos, pero esta es la primera vez que veo uno ..." se dijo en voz baja, mirando impotente desde el suelo.

"Soy Luffy, soy un pirata". Luffy se presentó al ver que Dorry le había dado su nombre.

"¿Un pirata? ¡Bien por ti!" Dorry dijo, cayendo en otro ataque de risa al que Luffy se unió una vez más.

"¡Karoo! Despierta. ¡Saldremos de aquí mientras podamos!" Dijo Vivi, sacudiendo la cabeza del pato con la esperanza de despertarlo.

"Oh, sí, los de allí son Vivi y Karoo. ¡Encantado de conocerte!" Luffy dijo mientras señalaba a la princesa y al pato. Dorry miró hacia donde señalaba Luffy, todavía sonriendo, y vio tanto al pato como a la princesa.

"¡Luffy-san tuvo que abrir su gran boca ...!" Vivi siseó en voz baja para sí misma, el miedo brotó dentro de ella bajo la mirada del gigante. Dorry soltó otra carcajada, sin parecer darse cuenta del miedo que vivi estaba experimentando.

"¡Los invitaré chicos a mi casa!" Exclamó alegremente, con los ojos cerrados debido a lo mucho que estaba sonriendo. Luffy se apresuró a aceptar la invitación, mientras que Vivi se mostró mucho más indecisa, sin embargo, se vio arrastrada a pesar de todo.

Y al arrastrarlo, era más como llevarlo cuando Dorry tomó a Karoo ya ella misma en su otra mano antes de depositarlos en la mano que ocupaba Luffy. Vivi solo pudo dejar escapar un breve chillido de miedo antes de descansar junto al Capitán de pie, con el corazón latiendo salvajemente en su pecho.

"No te preocupes, Dorry es un buen tipo", le dijo Luffy con una sonrisa radiante. Sin creer las palabras, Vivi le dio una mirada escéptica, el miedo todavía estaba claro en sus ojos.

"No es posible que conozcas a ese Luffy-san. Después de todo, lo acabamos de conocer". Trató de razonar, manteniendo la voz baja y tranquila con la esperanza de que el gigante, que ahora se dirigía hacia su casa, presumiblemente, no la escucharía.

"Claro que puedo. Tiene buenos colores y sensaciones, así que es un buen tipo. No te preocupes Vivi". Dijo Luffy, su sonrisa nunca flaqueó por un segundo. Ante sus palabras, la princesa le dio una mirada de confusión, sin comprensión.

"¿Sus ... colores y sentimientos?" Preguntó casi vacilante, mirando al gigante que no les estaba prestando atención. Fue entonces cuando se dio cuenta de que Dorry también estaba arrastrando al dinosaurio que él había matado.

"Sí, oh, claro, no sabes nada de eso", dijo Luffy, su sonrisa se convirtió en una mirada más neutral mientras la miraba parpadeando. Mirando a Karoo, que todavía estaba inconsciente a su lado, Vivi trató de entender de qué podría estar hablando Luffy, pero no se quedó con las palabras.

"Luffy-san, ¿qué-uh ... qué es exactamente lo que no sé?" Preguntó ella nerviosa. Después de todo, se suponía que Luffy y su tripulación la llevarían de regreso a su casa de Arabasta. Estaba siendo obligada a depositar toda su confianza en ellos, forzada a creer que la mantendrían a salvo. Si bien sabía que esto no significaba que tuvieran que contarle todos sus secretos, todavía era inquietante saber que claramente se le ocultaba algo.

Mientras Vivi estaba atrapada en sus pensamientos, Luffy la examinó cuidadosamente. A pesar de que la princesa no era parte de su tripulación, todavía le gustaba ella y su pato. Probablemente tenía el azul más brillante y claro que había visto en su vida, incluso comparado con Ace y Sabo. Si bien no la conocía desde hacía mucho tiempo, y al principio ella no había sido una amiga para él y su tripulación, Luffy todavía sentía que ella era alguien en quien él podría confiar.

Eso no significaba que supiera cómo reaccionaría ella ante la noticia de sus habilidades. Después de todo, Usopp no había reaccionado bien con ellos al principio, y tampoco Nami, pero la princesa estaba obviamente curiosa por su pequeño desliz antes. El joven Capitán todavía no estaba acostumbrado a que la gente no supiera acerca de sus habilidades después de años de vivir con personas que sí lo sabían.

Inclinando la cabeza de un lado a otro mientras pensaba, Luffy debatió si debería decírselo a Vivi. Echando un vistazo a Dorry, quien todavía no les prestaba atención, finalmente tomó una decisión, y le dio a la princesa una mirada cuidadosa.

"Puedo sentir emociones y ver colores alrededor de la gente. Cuanto más brillante es el azul, mejor es la persona. Cuanto más oscuro es, peor. Dorry es un buen tipo, y tú también. Ese tipo con el que estabas antes no era tan bueno un chico sin embargo, y los dos que nos persiguieron tampoco lo eran. Ah, y esa mujer. No me agrada. No era una buena persona ". Dijo Luffy, recordando la visita de Miss All Sundays con el ceño fruncido. Vivi recordó cuando Miss All Sunday se había ido, Luffy pronunciando palabras similares que solo la habían confundido.

Sin embargo, eso no significaba que se tomara las noticias tan fácilmente como lo hicieron Sanji o Zoro.

Luffy podía sentir que su escepticismo aumentaba, algo que esperaba que sucediera. Si bien todos tenían reacciones diferentes a las cosas en función de sus experiencias y creencias anteriores, la reacción inicial a ciertas cosas fue casi la misma en muchas personas. Hablarles de habilidades extrañas que ningún ser humano normal debería haber provocado normalmente el mismo impacto escéptico que vivi estaba experimentando.

"Nami y Usopp están realmente asustados en este momento. Creo que es por quien sea que conocieron, pero está bien porque con quien sea que estén no tiene malos sentimientos. Están felices, como Dorry. Sanji y Zoro no lo están. realmente sintiendo emociones fuertes, pero están realmente excitadas. Tal vez estén teniendo una competencia. Ace solía sentirse así cada vez que

Sabo le apostaba en algo ". Luffy dijo, recordando los días en que estaba con sus hermanos.

A su lado, Vivi escuchaba en tranquila contemplación. Si bien no necesariamente se encontró creyéndole de inmediato, sí sabía que la gente en Grand Line tenía algunas habilidades extrañas gracias a las frutas del diablo. Si bien Luffy no se había mencionado explícitamente a sí mismo con la habilidad de la fruta del diablo, claramente tenía que ser eso lo que estaba pasando. Gracias a su pensamiento lógico, comenzó a calmarse, su curiosidad solo volvió a aumentar ahora.

"¿Has comido una fruta del diablo entonces? ¿De qué tipo?" Ella finalmente preguntó, sacando a Luffy de sus recuerdos.

"¿Fruta del diablo? Me comí la fruta Gum-Gum. Soy un hombre de goma, ¿ves?" Luffy dijo con una sonrisa, justo antes de enganchar un dedo en su mejilla y tirar, estirando la piel de una longitud anormal. Al ver esto, los ojos de Vivi se abrieron una vez más, su confusión se duplicó.

"¡¿R-goma ?! Pero Luffy-san, ¿cómo puedes sentir emociones y ver estos colores?" Ella preguntó. Si bien la parte lógica de ella la había llevado al punto de pensar en la fruta del diablo, era inútil averiguar cómo dicha fruta del diablo se correspondía con las habilidades mencionadas anteriormente.

"No los obtuve de mi fruta del diablo. Los obtuve ... en otro lugar". Dijo Luffy, su expresión volvió a caer en el ceño fruncido que tenía cuando apareció la señorita All Sunday. Al ver esto, la princesa se sintió cansada de continuar con esta línea de preguntas.

"¡Aquí estamos, mis invitados! ¡Mi casa!" Vivi se salvó de tener que averiguar qué decir a continuación por Dorry, quien los estaba colocando en el suelo nuevamente. La expresión de Luffy se iluminó de nuevo mientras le sonreía al gigante, riendo a carcajadas junto con el hombre. Esto dejó a Vivi para atender a Karoo, intentando una vez más en vano despertar al pato. Sus pensamientos se estaban volviendo locos con toda la nueva información que Luffy le había dado, pero descubrió que se sentía más a gusto que cuando Dorry llegó por primera vez. No estaba completamente cómoda en presencia del gigante, pero no estaba tan asustada como antes.

Dorry se puso a trabajar en hacer un fuego que solía cocinar el dinosaurio que había matado mientras Luffy charlaba alegremente con él. Los dos estaban en un estado de risa casi constante, y Vivi solo pudo mirar con los ojos muy abiertos cuando vio lo inofensivo que era en realidad este enorme y amenazador gigante.

Finalmente, Karoo se despertó y al ver que Vivi estaba en un estado mental mucho más tranquilo, pudo calmar a su compañera mucho más fácilmente que antes. Cuando la comida estuvo cocida, Dorry colocó una pata grande para que Vivi y Luffy la comieran, y aunque Vivi no se sentía muy hambrienta, Luffy claramente tenía otras ideas mientras se sentaba en el trozo de comida gigante, comiéndola con un fervor que la princesa solo había visto en hombres hambrientos. En agradecimiento por la comida, Luffy había ofrecido su propio almuerzo pirata que Sanji le había preparado. Vivi y Karoo solo pudieron mirar con una mirada fascinada mientras el gigante sostenía la diminuta caja, en comparación con él mismo, entre dos dedos.

"¡Este es un viejo gigante delicioso!" Luffy dijo después de que Dorry y el joven Capitán compartieran otra risa.

"Tu comida pirata también sabe bien, aunque es un poco pequeña para mí", dijo Dorry, sus palabras seguidas de otra risa.

"¡Por supuesto que es bueno! Es un almuerzo especial que hizo el chef en mi barco pirata. ¡Si dices que es malo, te daré una paliza!" Al oír las palabras de Luffy, Vivi se puso tensa.

"¿Me golpeaste, dijiste?" A su lado, el billete de Karoo estaba abierto, la bebida que había estado tomando se le cayó de la boca mientras chillaba.

"¡Qué gracioso chorro eres!" Dorry se echó a reír y se dio una palmada en la rodilla al hacerlo. Si bien el miedo tanto en Karoo como en Vivi no disminuyó tan rápido como antes, pudieron ver que un conflicto no estaba a punto de ocurrir.

"E-se están volviendo terriblemente amigables ..." murmuró Vivi suavemente. Karoo todavía estaba demasiado sorprendido para siquiera demostrar que la escuchó.

"Por cierto, ¿por qué vives aquí solo, viejo? ¿Hay algún pueblo cerca?" Preguntó Luffy mientras le daba otro bocado a la carne. Probablemente por primera vez desde que lo habían visto, la sonrisa de Dorry se desvaneció mientras parpadeaba hacia Luffy.

"¿Hmm? Hay una aldea. Es una aldea de guerreros llamada Elbaf. Está en algún lugar de Grand Line. Pero hay reglas en la aldea". Dorry comenzó a explicar. Luffy, Vivi y Karoo escucharon atentamente, queriendo saber más.

"¿Normas?" Preguntó Luffy.

"Por ejemplo, si comenzamos una pelea en la aldea y ambos lados no pueden retroceder, somos juzgados por el dios de Elbaf. El dios de Elbaf siempre brinda protección divina al justo y deja que el justo sobreviva". Dijo Dorry.

"Ya veo ... el dios de Elbaf, ¿eh?" Preguntó Luffy, sin entender realmente, pero queriendo saber más.

"Cause un alboroto y esta isla es actualmente el lugar de un duelo entre cierto hombre y yo. El justo ganará el duelo y sobrevivirá. Pero no hemos podido resolver esto durante unos 100 años". Dorry terminó con otro fuerte ataque de risa.

"¡¿Han estado peleando durante 100 años?" Luffy exclamó con una mezcla de asombro y sorpresa.

"No es nada sorprendente, ya que nuestra esperanza de vida es al menos tres veces mayor que la tuya". Dorry volvió a reír.

"Incluso si son tres veces, tu interés en pelear disminuirá en 100 años, ¿no? ¿Tiene algún sentido seguir peleando? Es un duelo a muerte, ¿verdad?" Preguntó Vivi, hablando con el gigante por primera vez desde que lo había visto. Dorry ni siquiera tuvo la oportunidad de responder cuando estalló una fuerte explosión, atrayendo toda su atención hacia un volcán en erupción en la distancia.

"¡Woah! ¡Esa es una enorme erupción volcánica!" Luffy exclamó, su mandíbula colgando mientras lo miraba.

"Bueno, es hora de irnos ..." dijo Dorry con una sonrisa, poniéndose de pie en toda su estatura.

"¿Hm?" Preguntó Luffy, volviendo su atención hacia el gigante en lugar de la explosión. Podía sentir la determinación del gigante aumentar y Luffy se sintió asombrado por la cantidad de emoción que había. Le recordaba a Barbablanca y su calidez, cómo dominaba las emociones de los demás sin siquiera intentarlo.

"Se convirtió en nuestra rutina antes de que nos diéramos cuenta. La erupción de la montaña central es la señal del duelo". Dijo Dorry, volviendo la cabeza para mirar el volcán de nuevo.

"¡¿Qué ?! Tener tanto odio que intentarían matarse el uno al otro durante 100 años es ... ¡¿Qué demonios causó esta pelea ?!" Preguntó Vivi. Sin embargo, Luffy sabía que estaba equivocada sobre lo que ella creía que era el razonamiento para continuar con esta pelea. No se trataba de odio en lo más mínimo. No, si se tratara de odio, Luffy lo sabría de inmediato.

"Basta. No es así." Dijo Luffy, sosteniendo su brazo frente a ella mientras miraba la espalda de Dorry, sintiendo todas las emociones corriendo a través de él, más fuertes que cualquiera que hubiera conocido antes. Vivi parpadeó ante Luffy con sorpresa, pero el temblor del suelo le impidió preguntarle de qué se trataba.

"Correcto. Es por nuestro orgullo." Dorry les dijo, respondiendo a su pregunta no formulada antes de lanzarse a la jungla. Los árboles fueron derribados cuando el gigante más alto corrió a través de ellos, pero fueron ignorados cuando un gigante de igual tamaño se encontró con él a mitad de camino, espadas y hachas chocando con los escudos con un resonante sonido metálico. Envió reverberaciones por el aire que Luffy podía sentir físicamente. Aquellos junto con el intenso orgullo y determinación de dos gigantes fueron suficientes para derribar a Luffy de espaldas, Vivi y Karoo lo miraron con los ojos muy abiertos.

"¡¿Q-qué ?! ¿Qué es?" Vivi preguntó preocupada.

"Oh chico ... ¡Qué gran duelo!" Luffy exclamó casi sin aliento. Si bien había sido superado por las emociones de otras personas antes, nunca antes se había sentido tan abrumado por ellas.

El duelo continuó con tal intensidad que árboles enteros volaban junto a ellos. Cada golpe de espada contra hacha o de hacha contra escudo lanzaba una ráfaga de viento que casi derriba a Vivi y Karoo. Luffy continuó mirando con los ojos muy abiertos desde el suelo, completamente inmerso en la pelea que tenía ante él.

El duelo se prolongó durante un rato más hasta que ambos gigantes yacían de espaldas, los árboles que los rodeaban cayeron al suelo. Al ver que las cosas ya no eran tan intensas, Luffy también pudo calmarse, asimilando los sentimientos ahora pacíficos y felices de ambos gigantes.

Si bien aún no había hablado con el otro gigante, podía sentir que eran tan buenas personas como Dorry. Un cheque le dijo que su aura era tan azul como la de Dorry, lo que hizo que la sonrisa de Luffy creciera.

Con el duelo terminado, Dorry se unió a ellos alrededor del fuego que habían hecho, barriles sostenidos entre sus dedos mientras reía alegremente. Les explicó que el otro gigante, Brogy, tenía invitados propios que le habían dado alcohol, que ahora le estaba dando a Dorry. Al escuchar esto, Luffy se dio cuenta de inmediato de quién estaba con Brogy y se rió, diciéndole a Dorry que eran sus compañeros de tripulación.

"Ya veo. Sus invitados son tus amigos, ¿eh? Vi a un hombre con una nariz larga ya una mujer". Dorry dijo mientras sostenía los dos barriles.

"¡Sip! ¡Esos son Usopp y Nami!" Luffy le dijo, sonriendo alegremente. Vivi estaba sentada junto a Luffy en el suelo y Karoo estaba sentada a su lado, los dos mucho más tranquilos que cuando conocieron a Dorry.

"Sin embargo, estoy sorprendido, dijeron que no se bajarían del barco, ¡pero realmente les gusta la aventura después de todo!" Luffy gorjeó felizmente, comprobando las emociones de sus compañeros de tripulación y descubriendo que ya no estaban tan petrificados como antes.

"Entonces también podrías decir que obtuve este alcohol de ti", dijo Dorry, riéndose de la conexión. Hubo una pausa momentánea mientras todos miraban a un pterodáctilo que volaba por encima de sus cabezas antes de que Vivi hablara.

"Por cierto, Dorry-san, ¿realmente lleva un año almacenar el registro?" Preguntó ella, habiendo preguntado a Dorry al respecto cuando se estaban acomodando después del duelo.

"¿No te diste cuenta de los cráneos humanos por ahí? Los que vienen a esta isla mueren mucho antes de que el tronco se almacene en la mayoría de los casos. Algunos se convierten en comida de dinosaurios. Algunos sufren por el calor y el hambre. Otros mueren porque atacan nosotros. Todos mueren ... Parece que un año en esta isla es demasiado para los humanos ". Dorry explicó, su buen humor solo disminuyó levemente con el tema. A su lado, Luffy sintió que el miedo y la preocupación de Vivi aumentaban, haciéndolo fruncir el ceño.

"¿Qué vamos a hacer? Incluso si pudiéramos sobrevivir durante un año, si pasa tanto tiempo, no sé qué pasará con mi país para entonces". Dijo, escondiendo su rostro entre sus manos por su angustia. Sintiendo las emociones negativas contrastantes con las positivas de Dorry, Luffy deseaba, no por primera vez, poder hacer que los demás sintieran emociones como él. De esa manera, Vivi sabría que no había nada de qué preocuparse y podría sentir lo agradables que eran las emociones positivas en lugar de las negativas.

"¿No hay un buen-" Luffy hizo una pausa cuando un hedor golpeó su nariz. Olfateando el aire, notó que Dorry había abierto uno de los barriles y que el olor en el aire era alcohol, pero había algo más que molestaba al cerebro de Luffy.

"Oye, viejo, no bebas eso", dijo Luffy, su voz repentinamente muy seria y su rostro fruncido. Dorry, Vivi y Karoo se sorprendieron por el repentino cambio de actitud y comportamiento de Luffy, todos lo miraron confundidos. Al ver que Dorry no iba a beber el barril, Luffy se puso de pie, caminando hacia uno de los otros dos que estaban descansando frente al gigante y abriendo uno él mismo.

Al inhalarlo, descubrió que tenía el mismo olor que el que todavía tenía entre los dedos de Dorry. Confundido, Luffy abrió el tercer y último barril, descubriendo que también olía igual. Levantando el barril y tomando un gran trago para sí mismo, haciendo una mueca ante el sabor del alcohol, se dio cuenta de lo que estaba oliendo.

Aunque, en el segundo en que se dio cuenta de lo que era, en el segundo sintió un calor dentro de su estómago y un burbujeo, como un eructo, pero con mucha más intensidad. Al abrir la boca, terminó eructando, pero cuando siguió el humo negro, pudo sentir que la sorpresa de Vivi y Karoo se duplicaba.

"Alguien puso explosivos en estos", dijo Luffy, limpiándose el exceso de alcohol que le había goteado por la barbilla.

"¡¿E-Explosivos ?! Pero- espera, Luffy-san, ¡te bebiste eso!" Vivi chilló, poniéndose de pie de un salto de miedo por Luffy mientras corría hacia él, sus ojos escaneando cualquier cambio en su salud.

"Derecha." Luffy estuvo de acuerdo. Vivi parpadeó confundida ante esto, pero su preocupación y miedo alejaron esa confusión rápidamente.

"¡Luffy-san, tenemos que llevarte a un médico de inmediato!" Dijo, flotando junto a él como si quisiera hacer algo, pero sin saber qué.

"No, está bien. Las explosiones no me hacen daño. De todos modos, ¿quién puso explosivos en esto? Viene de nuestro barco, ¿verdad?" Preguntó Luffy, haciendo caso omiso de las preocupaciones de Vivi por asuntos más importantes. Dorry había dejado el barril que había estado sosteniendo junto a los otros dos y fruncía el ceño por primera vez desde que lo conocieron.

"¿Quién más sino su oponente? ¡Él debe haber colocado los explosivos!" Dijo Vivi, con los ojos aún muy abiertos con toda la afluencia de información que estaba recibiendo.

No solo alguien había atrapado el alcohol con una trampa explosiva, sino que Luffy aparentemente había podido olerlo. Sin mencionar el hecho de que él también lo bebió y supuestamente era inmune a las explosiones, lo que a Vivi le pareció lo menos sorprendente hasta ahora. Cuando pensó en el pasado, podía recordar claramente al Sr. 5 tratando de usar sus explosivos en él, pero el joven Capitán no se había inmutado por ellos.

"¿No estabas mirando? ¡Han estado peleando durante 100 años! ¡De ninguna manera harían algo como esto!" Luffy le dijo, mirando a Vivi incluso ante la idea de que Dorry y Brogy harían algo tan deshonesto como esto después de 100 años de lucha. Luffy sabía a ciencia cierta que su orgullo nunca se lo permitiría.

"Entonces, ¿quién en la Tierra ..." Vivi se calló, sorprendida por el repentino disgusto visible de Luffy hacia ella. Luffy podía sentir la sorpresa de Vivi, pero también podía sentir la creciente ira en Dorry que estaba llamando su atención.

"No fuimos nosotros, mis amigos nunca harían algo tan estúpido, y no fueron los viejos. Olí esto antes, por eso sabía que algo no estaba bien". Dijo Luffy, su mirada desapareciendo de su rostro mientras se volvía hacia el alcohol y tomaba otra inhalación.

"¿Tú ... oliste el alcohol antes? Por supuesto que sí, es tuyo." Dijo Vivi, confundida sobre lo que quería decir y cómo se suponía que esto los ayudaría a acercarse más al culpable.

"No, alguien se metió con el alcohol, eso es lo que olí, y por eso-" Luffy de repente dejó de hablar, parpadeó un par de veces y se volvió para mirar a Vivi sin comprender. Con la atención repentina y sin expresión para averiguar por qué Luffy la estaba mirando, Vivi se sintió incómoda.

"Lo olvidé. También tengo un mayor sentido del olfato". Luffy dijo sin rodeos, asombrando a Vivi. De nuevo.

Sin embargo, parecía que no quería detenerse en esto cuando, una vez más, tomó una gran bocanada del cañón.

"He olido esto antes ... pero ¿dónde?" Dijo Luffy, destrozando su cerebro para hacer coincidir un aroma con una cara.

"Brogy nunca haría algo como esto, somos orgullosos guerreros de Elbaf, y si lo hubieras hecho, no me habrías detenido y bebido el alcohol tú mismo. No puedo pensar en nadie más en esta isla, pero eso solo nos deja como sospechosos ". Dijo Dorry. Luffy apenas le dio una mirada, sabiendo por los sentimientos acusatorios y sospechosos del gigante que, a pesar de sus palabras anteriores, claramente creía que ellos eran los que habían hecho esto.

"No éramos nosotros, el viejo. Me gustas. Y ese otro gigante. Alguien más debe estar en la isla". Luffy dijo, pero sabía que no tendría mucho efecto hasta que pudiera averiguar quién había hecho realmente esto.

Con una bocanada más, como una bombilla encendida, Luffy recordó de repente.

"¡Ah! ¡Ese tipo bomba!" Luffy exclamó bastante fuerte, haciendo que Vivi se sobresaltara ante lo repentino.

"¿El tipo de la bomba?" Preguntó Dorry, ya buscando su gran espada en preparación para vengarse de quienquiera que hubiera hecho esto.

"¡Vivi! ¿Quién era ese tipo en la isla de los cactus? ¿Con los explosivos?" Preguntó Luffy, girando para mirar a la princesa. Parpadeó lentamente, como lo había hecho Luffy momentos antes antes de darse cuenta de quién estaba hablando Luffy.

"¿Señor 5? Espera, ¿crees que fue él quien hizo esto?" Preguntó, su preocupación crecía. El Sr. 5 y la Srta.

Valentine habían sido incapacitados por Luffy casi de inmediato. No habían tenido tiempo de seguirlos de regreso al Merry, lo que significaba que no pudieron haber contaminado el alcohol en ese momento y solo dejaron la opción de que los dos agentes de Baroque Works los hubieran seguido hasta aquí.

"¡Sí! ¡Señor 5! Sabía que olía esto antes." Luffy dijo, feliz de haber descubierto quién hizo esto. Solo había olido brevemente el aroma de la señorita Valentine y el señor 5, por lo que no le sorprendió que le hubiera tomado tanto tiempo darse cuenta a pesar de haberlos olido solo un par de días antes.

"Debe haber usado su fruta del diablo en esto. ¡Estoy enojado! ¡Intentó meterse con el duelo de los viejos!" Luffy dijo que se formó otra mirada en su rostro, esta mucho más maliciosa que la que le había dado a Vivi antes.

Una fuerte explosión llamó su atención sobre el volcán en erupción.

"La señal", dijo Dorry, ya de pie por instinto para ir al encuentro de su oponente para su duelo aparentemente interminable.

"Adelante, viejo. Iré a golpear a los tipos que intentaron jugar con tu pelea". Luffy dijo seriamente, una mano empujando su sombrero firmemente en su cabeza mientras continuaba mirando hacia la jungla, ya percibiendo un leve olor que sabía que lo llevaría al Sr. 5. Vivi lo miró sorprendida por una razón completamente diferente.

Ella había oído todo sobre 11097 y sus hermanos demoníacos, ¿quién no? Sin embargo, todo lo que decían las noticias sobre ellos era que eran monstruos despiadados y sedientos de sangre, por lo que le sorprendió que él estuviera dispuesto a llegar tan lejos por este gigante que acababa de conocer. No tenía nada que ganar con eso, entonces, ¿por qué lo estaba haciendo?

"Tienes mi agradecimiento", dijo Dorry mientras comenzaba a caminar hacia donde iba a tener lugar el duelo. Vivi lo vio irse, todavía completamente confundida, pero se despertó cuando Luffy se volvió para dirigirse a ella.

"Deberías ir con Nami y Usopp. No están muy lejos de aquí." Luffy le dijo, mirando en una dirección que Vivi supuso que era donde estaban los dos.

"Yo -... Luffy-san ..." Vivi realmente no sabía lo que quería decir, sus pensamientos aún trataban de ponerse al día con todo. Sacudiéndose de esto, asintió con la cabeza, mirando a su lado donde estaba Karoo.

O al menos, donde debería haber estado Karoo.

"¿Karoo?" Preguntó ella, mirando alrededor del claro en busca de él, pero sin verlo por ningún lado. La preocupación la llenó cuando volvió a gritar su nombre, pero no obtuvo respuesta.

"¡¿Karoo ?! ¡¿Dónde estás ?!" Vivi gritó, ahuecando sus manos alrededor de su boca en un intento de hacer su voz más fuerte. La ausencia de Karoo no fue buena, especialmente en una isla llena de dinosaurios reales que encontrarían que el pato es un bocadillo adecuado.

"¡Está por aquí!" Luffy llamó, ya corriendo hacia la jungla. Vivi no dudó en seguirlo, ya que no temía el peligro en el que se encontraban en esta isla prehistórica.

Acababan de entrar en la espesura de la jungla cuando la cabeza de Luffy giró hacia la dirección en la que estaban Nami y Usopp. Vivi casi se pierde esto, su preocupación por Karoo atraía la mayor parte de su atención, pero la expresión de su rostro llamó su atención.

"¿Luffy-san? ¿Qué pasa?" Preguntó, sin gustarle la mirada peligrosa.

"Nami y Usopp están en tro-" Ni siquiera terminó su oración cuando dejó de correr, mirando en una dirección diferente. Al ver que él era el que la llevaba hacia Karoo, Vivi también se detuvo, su miedo y su preocupación aumentaron.

"Nami y Usopp están en problemas. Zoro también. Sanji está a salvo, no hay nadie cerca de él. Dorry y Brogy todavía están en duelo". Recitó Luffy, su cabeza dando vueltas en diferentes direcciones de la jungla mientras asimilaba todos los sentimientos familiares. Fue como una explosión de fuegos artificiales, que se encendieron con peligro uno tras otro mientras Karoo, luego Nami y Usopp, y finalmente Zoro lo fulminaron con la mirada. Con todos ellos en ubicaciones drásticamente diferentes, Luffy se vio obligado a elegir a quién ir, lo que no le sentó bien.

"Vamos a buscar a Karoo", dijo finalmente Luffy después de un momento de deliberación. Mientras todo en él gritaba para poner a salvo a su tripulación, sabía que Karoo estaba completamente indefenso y que necesitaría más su ayuda. Zoro era fuerte y Usopp y

Nami estaban juntos, lo que les dio una mejor oportunidad de luchar.

"Pero que pasa-"

"Karoo no puede pelear. Los demás pueden. Una vez que tengamos a Karoo, iré a buscar a todos los demás". Luffy dijo, interrumpiéndola. Vivi dudó solo un segundo antes de asentir, siguiéndolo cuando comenzó a correr hacia la jungla una vez más.

Resultó que no habían estado tan lejos de Karoo. Solo unos segundos después de que hubieran comenzado a correr de nuevo, Vivi vio al pato justo delante de ellos, con los ojos muy abiertos por el pánico y agitando las alas como si les advirtiera. Vivi, demasiado aliviada para sentir el peligro, comenzó a correr más rápido hacia él.

"Karoo- ¡Ah!" Justo cuando estaba a punto de cruzar la pequeña distancia hasta el pato, Vivi fue empujada hacia atrás por Luffy, con bastante dureza. Ella estaba a punto de gritarle, más que un poco molesta por el fuerte tirón, pero fue silenciada cuando un borrón llamó su atención y se produjo un fuerte estruendo exactamente donde habría estado si Luffy no la hubiera detenido.

Con las palabras muriendo en su lengua, Vivi sintió una inmensa gratitud hacia el Capitán, sintiéndose mal por haberse enojado con él viendo que solo le había estado salvando la vida.

"11097, entonces todavía estás con la princesa después de todo." Una voz de hombre, una que Vivi reconoció fácilmente como el Sr. 5, dijo mientras salía del árbol junto a Karoo. Desde el agujero que había creado la mancha, la señorita Valentine salió flotando, su paraguas afuera y abierto sobre ella y una sonrisa en su rostro.

"Así es", dijo Luffy, su voz era un tono peligroso que Vivi solo había escuchado una vez antes cuando había hablado con Miss All Sunday. El Sr. 5 frunció el ceño ante esto, y con una rápida mirada a la señorita Valentine, la mujer se alejó flotando, dirigiéndose hacia donde Luffy podía sentir a Nami y a alguien más, alguien nuevo. Ni siquiera se había dado cuenta de que ella y Usopp se habían separado, pero ahora podía sentir al mentiroso de nariz larga corriendo sin rumbo fijo por la jungla en pánico.

"Vergüenza. Esto hace que mi trabajo sea bastante difícil. No importa." Dijo el Sr. 5, mordiéndose la nariz y sosteniendo un moco en la punta.

"Si bien mis poderes no tienen ningún efecto sobre ti, no se puede decir lo mismo de todos los demás, ¿verdad?" Preguntó, moviendo el moco en una dirección aparentemente sin rumbo. No estaba cerca de donde estaban Luffy y Vivi, lo que confundió a la princesa. Ni siquiera se dirigía hacia Karoo; iba a entrar en una sección aleatoria de árboles donde evitaría de forma segura dañar a todos los presentes.

Luffy, sin embargo, sabía que esta dirección era cualquier cosa menos aleatoria. Corriendo hacia el moco explosivo, Luffy sintió el pánico momentáneo de Vivi antes de recordar que no le haría daño. Sin embargo, eso no impidió que se sintiera confundida.

¿Por qué estaba corriendo tras la bomba?

"¡Oi! ¡Usopp! ¡Muévete!" Luffy gritó. Los ojos de Vivi se agrandaron en estado de shock, dándose cuenta ahora de lo que estaba sucediendo justo cuando Usopp atravesó la línea de árboles. Solo tuvo una fracción de segundo para asimilar todo, desde Vivi mirándolo con ojos grandes y temerosos, hasta Karoo, con ojos igualmente abiertos, de pie junto a un tipo que nunca había visto antes.

Y luego Luffy lo embistió, empujándolo al suelo justo cuando estalló una fuerte explosión. Con Luffy encima de él, Usopp estaba protegido de la explosión, para su alivio.

"¡¿Q-qué ?!" Usopp soltó un chillido, la adrenalina seguía bombeando por sus venas.

"¡Raa!" El graznido de Karoo fue suficiente para decirle a Usopp que algo malo estaba pasando, pero Luffy no necesitaba el sonido para saber eso. Una vez más, como fuegos artificiales, uno tras otro pudo sentir que la sensación de estar en peligro aumentaba no solo en Vivi, sino también en Brogy y Dorry. Apretando los dientes con ira, Luffy se puso de pie de un salto y se giró justo a tiempo para ver a Vivi siendo agarrada del aire por la señorita Valentine.

"¡Kyahaha, mira quién tiene a la princesa ahora!" La señorita Valentine se rió alegremente, flotando sobre las copas de los árboles mientras Vivi luchaba.

"¡Vivi!" Usopp y Luffy gritaron, Karoo graznó de miedo.

"¡Ustedes me han cabreado mucho ahora!" Luffy rugió, haciendo que Usopp saltara hacia atrás de él sorprendido por la cruda ira en el rostro de su Capitán. El Sr. 5

pareció darse cuenta de la profundidad de esa ira, que estaba dirigida a él, también porque dio un paso atrás y parpadeó. La señorita Valentine, que estaba a salvo en el aire, no parecía tan preocupada, pero sabía que su pareja no la iba a pasar bien por lo que parecía.

"¡Vivi, espera! ¡Voy a golpear a este tipo de nuevo y luego te atraparé!" Luffy llamó al aire, haciendo que la señorita Valentine soltara una carcajada burlona una vez más.

"¿Oh? ¿Y cómo planeas hacer eso? ¡Gracias a mi kilo de fruta, estaré demasiado arriba para que puedas atrapar a alguien! ¡Tal vez iré y la dejaré caer al océano! ¡Kyahahaha!" El agente de Baroque Works se echó a reír, solo demostrando enojar aún más a Luffy. El Sr. 5 se tomó el tiempo que Luffy estaba distraído para hurgarse la nariz, pero sabiendo que no haría nada para detener a Luffy, lo arrojó en dirección a Usopp, el francotirador a unos pasos de Luffy aún después del arrebato del Capitán.

Notando, pero sin saber que el moco era explosivo, Usopp vio como el moco se acercaba, luciendo como si fuera a aterrizar justo en frente de sus pies.

"¡Para de hacer eso!" Luffy rugió, estirando un brazo para agarrar a Usopp y alejándolo del proyectil, segundos antes de que sonara otra explosión. Al ver que esto parecía ser una forma efectiva de distraer al enfurecido Luffy, el Sr. 5 comenzó a hurgarse la nariz nuevamente.

"Señorita Valentine, creo que debería ir y entregarle la princesa al Sr. 3", le dijo el Sr. 5 a su compañero, queriendo darle una ventaja. La mujer parpadeó como si se hubiera olvidado por completo del plan original antes de que una sonrisa se ampliara en su rostro.

"¡Derecha!" Ella se echó a reír, alejándose flotando con una Vivi que protestaba.

"¡Ah! ¡Se está escapando!" Usopp gritó, viendo a la señorita Valentine alejarse flotando.

"¡Los seguiremos en un segundo!" Luffy gritó, fulminando con la mirada al Sr. 5. Usopp se estremeció ante la mirada, nunca queriendo estar del otro lado.

"Pusiste los explosivos en el alcohol del tipo gigante. Intentaste estropear el duelo que han tenido durante 100 años". Luffy le gruñó al Sr. 5 quien, a pesar de estar claramente en el lado perdedor de esta pelea, se encontró sonriendo con aire de suficiencia.

"Sí, hice eso, ¿no?" Preguntó, arrepintiéndose repentinamente de esto mientras Luffy corría hacia él. Solo tuvo un momento para sentir el intenso terror que estaba siendo atrapado bajo la mirada amenazante de Luffy cuando fue noqueado una vez más, el mundo se volvió negro.

Luffy, deseando que eso significara que todo había terminado, sabía que ese no era el caso. Todos, excepto Sanji y Usopp, todavía estaban en peligro y necesitaban su ayuda. Dándose la vuelta, vio los ojos muy abiertos de Usopp, pero por una vez no fue porque estuviera asustado.

"¿Puso explosivos en el alcohol?" Preguntó Usopp, recordando el alcohol que le habían dado a Brogy, y luego Brogy a Dorry.

"Sí. Odio a la gente como él." Dijo Luffy, mirando al Sr. 5 que estaba tirado en el suelo, sangrando por la nariz y la boca, inconsciente. Karoo, que todavía estaba al lado del Sr. 5, suspiró aliviado por no estar más en peligro mientras Usopp parpadeaba un par de veces para procesar las palabras de Luffy, frunciendo el ceño.

"¡Muy bien, Luffy! ¡No sé con quién estamos tratando, pero ayudaré a cuidarlos!" Anunció con orgullo, con las manos en las caderas y la espalda recta mientras lo decía. Casi se quitó la apariencia de un guerrero decidido, listo para ir a la batalla, excepto que le temblaban las piernas y sudaba profusamente. Al ver esto, y sentir el miedo del francotirador compitiendo con su coraje, Luffy sonrió a pesar de la nube de peligro en el aire de todos los demás.

"Bien. ¡Vamos Usopp, Karoo! ¡Tenemos que ir a ayudar a Vivi ya los demás!" Luffy llamó por encima del hombro mientras corría hacia donde estaban los demás.

"¡Ah! ¡Eso es! Luffy, ¡Nami fue devorada por un dinosaurio!" Usopp chilló con una mezcla de nuevo terror y desesperación. Luffy frunció el ceño ante eso, pero no titubeó en su carrera, Usopp y Karoo le seguían de cerca.

—No, no lo hizo. Alguien se la llevó. Dijo Luffy, preguntándose cómo Usopp había confundido eso.

"¿Eh?" Preguntó Usopp, no habiendo esperado eso.

"Sí. Ustedes estaban todos asustados y esas cosas porque alguien los estaba siguiendo. No son una buena persona, y se llevaron a Nami". Luffy explicó, habiendo sentido que todo sucedió. La boca de Usopp se abrió y se cerró un par de veces mientras pensaba en todo, pero no recordaba haber visto a nadie más que a Nami.

"También tienen a Zoro. Y a Dorry y Brogy. Supongo que eso significa que son fuertes". Dijo Luffy, volviéndose hacia adelante con otro ceño fruncido. Detrás de él, Karoo dejó escapar otro chillido de sorpresa mientras Usopp hacía lo mismo.

"¡¿Qué ?! ¡¿Esta persona derribó a los gigantes ?!" Preguntó Usopp, tanto su ira como su miedo aumentaron mientras se preguntaba contra quién estaban a punto de enfrentarse y derrotaron no solo a la mitad de su tripulación sino a dos gigantes.

"Sí, al menos, Dorry y Brogy no están nada felices y sienten que están en peligro. Aunque no están realmente heridos, bueno, son de su duelo, pero esta persona no ha hecho nada para evitarlo. lastimarlos. Nami tampoco. Ella también está bien. Y Zoro ". Dijo Luffy, preguntándose qué había hecho esta nueva persona para incapacitar a todos, pero no lastimarlos.

"¿No están heridos? Eso es un alivio". Usopp dijo con un suspiro, pero aún podía sentir que aumentaba su determinación de luchar. Después de todo lo que había visto y oído sobre los gigantes y su duelo, había llegado a respetarlos y admirarlos. Escuchar que estaban siendo atacados lo enfureció tanto como cuando Kaya fue blanco de asesinato, pero se sintió aliviado de que estuvieran ilesos.

Hasta ahora al menos.

Los tres corrieron en silencio después de eso, Luffy cocinando no solo en la suya, sino también en la ira de Karoo y Usopp. Esta puede ser la razón por la que, cuando finalmente llegaron a la brecha en los árboles que Luffy sabía que sostenían a la señorita Valentine, la gente nueva, Luffy se dio cuenta ahora que había dos, su tripulación y Vivi gritaron más fuerte de lo que pretendía.

"¡Muy bien! ¡Ahora que estoy aquí, voy a patearles el culo a todos!".

Milton Keynes UK
Ingram Content Group UK Ltd.
UKHW020238221123
432980UK00016B/1179

9 798868 988615